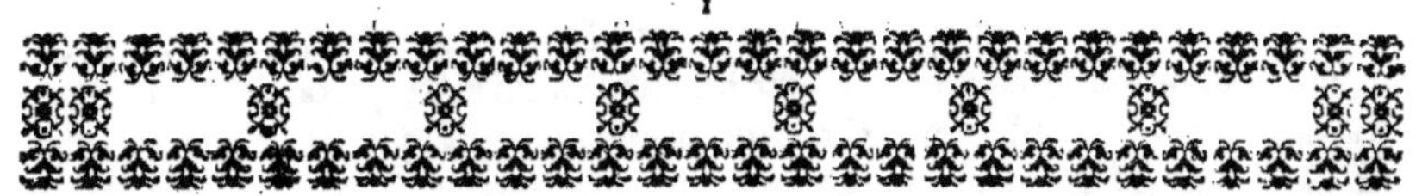

MEMOIRES CONCERNANT LA contestation d'entre les Sieurs de Villayer & Poncet, au sujet du Doyenné du Conseil.

Requeste du Sieur Poncet.

AU ROY.

SIRE,

LE SIEUR PONCET, vostre Conseiller d'Estat Ordinaire, & en vostre Conseil Royal des Finances; REMONTRE tres-humblement à VOSTRE MAJESTE', que la place du Doyen de son Conseil Ordinaire ayant vacqué par le deceds du Sieur de Lezeau, le suppliant qui est le plus ancien de vos Conseillers d'Estat Ordinaires, se seroit presenté à Vostre Majesté, qui auroit ordonné que le Sieur de Villayer Conseiller Semestre audit Conseil, seroit oüy sur sa pretention contraire; Ensuite dequoy Monsieur le Chancelier par ordre de V.M. auroit fait avertir le supliant de mettre ses pieces & écritures dont il voudroit se servir entre les mains du Sieur Colbert vostre Secretaire d'Estat, à quoy ayant obéy; Dit le Supliant que s'agissant d'un droit qui est commun à tous les Ordinaires, il est obligé de répondre à la pretention dudit Sieur de Villayer, autrement qu'il passeroit pour prevaricateur à l'égard de leurs interests, & tomberoit à son égard dans la negligence, que les Anciens autres fois ont qualifiée crime d'avilissement de Magistrature. Il est donc juste d'entrer dans une juste deffense, & representer à Vostre Majesté que vostre Conseil a esté toûjours une Compagnie Ordinaire; qu'il n'a jamais esté appellé Conseil Semestre, mais toûjours Conseil d'Estat Ordinaire, & encore plus ordinaire que toutes les autres Compagnies, d'autant que celles-cy ont quelque intermission & vacation, pendant lesquelles les Officiers sont destituez de leur fonction, le pouvoir qu'a la Chambre des vacations dans cet entre-temps, ne procedant que de la pure autorité & concession des Rois pour ne pas manquer à la Iustice, & encore avec un pouvoir borné à certaines sommes pour les affaires civiles; mais vostre Conseil Ordinaire est perpetuel: De telle sorte que si pendant quelque peu de jours, vos Conseillers d'Estat ont permission de s'en absenter; le Conseil ne discontinuë point; les affaires necessaires, dont le retardement en causeroit la destruction: Si les places de vos Conseillers d'Estat sont vuides pendant cét intervale, qui est tres-modique, celle de vostre Chancelier demeure toûjours remplie, le Conseil ne vaque point. Que si le Sieur de Villayer veut prendre avantage des temps fâcheux qui troublerent le Conseil aussi bien que l'Estat, & alleguer les Quadrimestres establis par Henry III. pour servir quatre mois à

cause du nombre excessif que la foiblesse de l'Estat avoit admise, & qui auroit fait une confusion honteuse, si leur fonction n'eust esté partagée & fixée par certains intervales de temps: On peut dire avec verité que ce mauvais temps est passé. Le Reglement de Compiegne du premier Iuin 1624. a restably l'ordre ancien des Conseillers d'Estat Ordinaires, ausquels furent ajoûtez des Conseillers d'Estat pour servir par Semestre, & encores autres pour servir quatre mois, lequel Reglement fut depuis confirmé par le Reglement de Chasteaubriant au mois d'Aoust 1626. où les Conseillers d'Estat Ordinaires furent reglez au nombre de douze, & les Semestres reduits à pareil nombre, quelques Quadrimestres y furent encores ajoûtez: & depuis par le Reglement fait devant la Rochelle en Janvier 1628. les douze Ordinaires furent reduits pâr mort jusqu'à ce qu'ils fussent au nombre de huit, & les Semestres & Quadrimestres reduits à servir par quartiers, jusques à ce qu'il en restât quatre pour chacun quartier. En 1644. pendant la minorité de V. Majesté, le nombre des Conseillers d'Estat fut augmenté par des rôlles en telle quantité que le Conseil avoit perdu sa forme ancienne; mais par le Reglement du 3. May 1657. le Conseil reprit son ancien ordre, composé de douze Ordinaires & de quatorze Semestres: Et à l'égard du dernier Reglement fait à Saint Germain en Laye le 13. Mars 1670. il n'est rien innové ny pour les Ordinaires ny pour les Semestres, en ce qui peut concerner le differend dont il s'agit; il ne faut donc plus alleguer ce qui s'est passé dans les mauvais temps, le Conseil a repris son ancien ordre, & est toûjours demeuré Ordinaire, composé des Ordinaires pour la principale fonction; Et si on vouloit dans les Parlemens tirer quelque consequence de ce que dedans certains temps ils auroient esté Semestres contre leur premiere institution; Ce raisonnement passeroit pour vne vapeur & vne chimere; ce sont des accidens qui surviennent dans les corps politiques, comme les maladies dans les corps naturels, aprés lesquelles celuy qui allegueroit le mal qui n'est plus, passeroit pour vn porteur de mauvaises nouvelles. Bref le Conseil est né ordinaire & perpétuel, remply pour cét effet d'Officiers ordinaires. Auquel cas il n'y a jamais esté veu qu'vn Doyen, dont la fonction continuë pendant tout le cours de l'année; celle des Semestres qui y sont admis, est fixée dans le cours de six mois, pour empescher la multiplicité des Officiers, dont le nombre feroit vne confusion. Si ledit Sieur de Villayer se plaint qu'estant plus ancien dans le Conseil que ledit supliant, sur lequel jusques à present il a eu la presseance, il n'est pas juste qu'il perde vn droit que son temps luy a acquis. On luy peut dire que cette objection est bonne, supposant que l'vn & l'autre fussent en parité de droit, mais il est Semestre, & sa fonction fixée à vn service de six mois dans vne Compagnie Ordinaire, où le Supliant estant Ordinaire, & le service perpetuel dans la concurrence pour le Decanat, la parité de droit ne se trouve pas; Ainsi il demeure court, & l'Ordinaire passe à un droit qui luy est acquis en cette qualité. Chacun sçait que dans l'usage ordinaire des Fiefs, le masle precede le sexe feminin; cette maxime est constante par leur ancienne origine, neantmoins il faut que ce soit en égalité de degré & en parité de droit, car si une sœur par substitution ou par un autre cas a un droit singulier, ainsi qu'il se void mesme dans le droit de dévolution, distinct & separé de celuy d'heredité, à lors le privilege du frere cessant par le défaut de parité de droit, la sœur incontestablement est preferée: Et quand il allegue que la bien-seance ne peut permettre que celuy qui a precedé soit obligé de ceder à celuy qui luy estoit inferieur, cela arrive communément, lors que celuy qui precede manque d'aptitude pour aller plus loing, l'exemple du Sieur Madeleine, cy-devant Doyen de la seconde Chambre des Enquestes est connu, lequel estant de la R. P. R. & ne pouvant par cette raison entrer dans la Grand' Chambre; il fut jugé que son défaut ne devoit pas préjudicier à celuy qui luy devoit succeder au Decanat; Et par ce moyen celuy qui le suivoit prit la place de Doyen, & luy obligé de descendre d'un degré. Vostre Majesté est encor supliée de considerer que les Ordinaires ayans toûjours esté appliquez pendant le cours des années sans relasche, & par une assiduité à laquelle ils sont abstraints, meritent quelque prérogative au dessus des Semestres, dont le service n'est fixé qu'à six mois, ils ont eu le temps de veiller à leurs affaires particulieres; Et à l'égard du public, ils n'y ont donné que la moitié de leur vie, c'est une pensée d'un celebre Avocat General de V. M, dans une Compagnie Semestre; Ils n'ont, disoit-il qu'une demy vie, en effet, la vie qui n'est pas employée pour le public ne doit point passer pour une vie, elle n'appartient qu'à ceux qui donnent leurs soins, leurs peines & leurs travaux au bien & aux avantages qu'exige d'eux le public. Outre toutes lesquelles considerations qui regardent l'interest commun de vos Conseillers d'Estat Ordinaires, le supliant en adjoustera deux qui lui sont particulieres. La premiere procede de l'estat present auquel est l'affaire; car à l'instant du decedz du Sieur de Lezeau, le supliant naturellement par son droit d'antiquité comme Ordinaire, est devenu Doyen dans les six mois où ledit sieur de Villayer n'a aucun droit, & à son égard il est renfermé dans les fonctions de son titre qui est Semestre, c'est à dire fixé dans vn service de six mois: autrement il n'y auroit point de difference entre la qualité de Semestre & celle d'Ordinaire. Le Reglement du 3. de Janvier de 1673. publié dans le Conseil en l'article 16. y est précis, qui porte qu'ils n'auront entrée au Conseil hors de leur Semestre, s'ils ne sont mandez par Monsieur le Chancelier, & partant ledit Sieur de Villayer ne peut porter sa pretention au dela des bornes de son Titre, n'y pouvoir estre Doyen que dans ses six mois, auquel cas vostre Conseil auroit deux Doyens de differente taille, ce qui seroit vn monstre, & sans exemple dans vne Compagnie Ordinaire. Que si la volonté de V. M. qui peut tout estoit de luy accorder cette grace, comme deuë à ses services, de laquelle il fortifie sa pretention qu'il prevoit insoustenable de droit, en ce cas il plaira à V. M. de considerer que telle grace feroit préjudice à vn droit acquis au supliant, & que cét exemple qui auroit vn Autheur si illustre pourroit à l'avenir estre imité par les Roys successeurs, & ainsi faire perdre aux Ordinaires la prerogative qui leur apartient de Droit.

La seconde consideration est que ce qui est à Iuger, à desja esté prejugé par V. M. laquelle est tres-humblement supliée de se souvenir que ledit Sieur de Lezeau estant tombé grievement malade il y a cinq ans ou environ, lors que V. M. estoit preste de partir pour aller à son Armée, il fut proposé de pourvoir à remplir la place du Doyen si elle venoit à vacquer pendant son absence, & de designer pour son successeur le plus ancien des Ordinaires, qui estoit dés-lors le Supliant, ce que V. M. differa de faire jusques à ce qu'elle eust oüy les Conseillers d'Estat Semestres; Mais cependant elle ordonna à Monsieur le Chancelier d'Aligre d'empescher que nul ne prît place du costé de celle du Doyen, au dessus du Supliant. Cét ordre qui fut connu dans le Conseil, n'ayant pas pleu audit Sieur de Villayer, lequel lors qu'il se rencontroit avec le Sieur de Mesgrigny son ancien, le reduisoit à vne place inferieure à celle qu'occupoit le Supliant, prit occasion vn jour de s'y vouloir establir; Surquoy Mondit Sieur le Chancelier luy fit deffenses de la part de Vostre Majesté de prendre ladite place au dessus du Supliant: ce qui a esté depuis ce temps toûjours executé non seulement du temps de Mondit Sieur d'Aligre, mais encor à present depuis la Promotion de Monſieur le Chancelier juſques au deceds dudit feu Sieur de Meſgrigny, lequel fait eſt tellement public & connu à tout le monde, que le Sieur de Villayer n'en peut diſconvenir. Ainſi, preſentement il ne s'agit que de Iuger ce que V. M. a desja prejugé.

A CES CAUSES, SIRE, & attendu les ſuſdits Reglemens du Conſeil cy-attachez, il plaira à V. M. ſans avoir égard à la Requeſte dudit Sieur de Villayer, maintenir vos Conſeillers d'Eſtat Ordinaires, dans le droit qu'ils ont de remplir la place du Doyen de vos Conſeils Ordinaires, le cas de vacance écheant, à l'excluſion des Conſeillers d'Eſtat Semeſtres; Et en conſequence, que le Supliant ſera mis & inſtallé dans ladite place vacante par le decedz dudit Sieur de Lezeau, pour joüir des Droits & Prérogatives y attribüez, avec deffenſes audit Sieur de Villayer de l'y troubler; Et le Supliant, comme pareillement vos autres Conſeillers d'Eſtat Ordinaires, continuëront leurs vœux pour la conſervation de la perſonne Sacrée de Voſtre Majeſté, & pour l'heureux ſuccez de toutes ſes Entrepriſes. Signé, PONCET.

Autre Requeſte du Sieur Poncet.

AV ROY.

SIRE,

Le Sieur Poncet Conſeiller d'Eſtat Ordinaire, & en voſtre Conſeil Royal des Finances, REMONTRE tres-humblement à Voſtre Majeſté, Que ſur ſa Queſtion meuë par le Sieur de Villayer, Conſeiller d'Eſtat Semeſtre, pour raiſon de la qualité de Doyen, contre le Supliant Conſeiller d'Etat Ordinaire; Il luy auroit pleu ordonner que les Parties prendroient communication reſpectivement des pieces par elles porduites. Ce qui ayant eſté fait, le Suppliant dit, que par toutes les pieces au nombre de vingt-deux, dont eſt compoſée la production dudit Sieur de Villayer, il eſt aiſé du reduire ſes moyens à quelques maximes, ſur leſquelles il établit ſa pretention. Il poſe d'abord pour vne maxime conſtante, que l'ordre du temps regle toutes choſes; & partant, que les Officiers plus anciens en reception doivent preceder tous les autres. Il n'avoit que faire d'alleguer les exemples de l'Egliſe, de l'Epée, & de la Robe pour ce ſujet: car perſonne n'en doute, pourveu qu'il ajoûte EN PARITE' DE DROIT. Car ſi cette addition manque, la maxime eſt fautive en pluſieurs occaſions. Elle n'eſt pas veritable dans l'Egliſe, quand il y à diſparité de droit. Car quoy que les Prelats Eccleſiaſtiques, ſuivant la grande regle, prennent entr'eux leur rang du jour de leur Sacre: neantmoins ceux qui ont droit d'entrer au Parlement, s'y rencontrant avec autres Prelats Pairs de France; alors ils ceſſent d'vſer du droit commun par le droit de Pairie, qui fait vne diſparité entr'eux dans le Parlement, & meſme dans le Conſeil. Ainſi lorſque l'Eveſque de Châlons ſur Saône pretendit preceder, ſelon la Loy commune, dans les Etats de Bourgogne, le Sieur d'Attichy Evêque d'Autun, qui luy eſtoit poſterieur par le temps de ſon Sacre, ledit Sieur d'Attichy ſoûtint qu'il eſtoit Preſident-né dans leſdits Etats, qui luy donnoit vn droit de préſeance en cette occaſion; ce qui fit vn procés dans le Conſeil, qui debouta ledit Sieur Eveſque de ſa pretention par la diſparité de droit. Pluſieurs autres exemples pourroient eſtre apportez, meſme de la Bretagne & du

Bearn,

Bearn ; mais ce feroit abufer du temps & de la bonté de V. M. A l'égard de l'Epée, l'Arrest de reception par antiquité au Parlement ne fuit point la regle generale entre les Pairs de France ; ils ont vn titre, felon lequel ils ont leur rang & feance. Dans la Robe le rang & la feance font pareillemen diftinguez par le titre. Les Confeillers d'Honneur & les Maiftres des Requeftes pareillement precedent le Doyen du Parlement, quoy que beaucoup plus ancien, & quoy que tous ne foient que membres d'un mefme Corps. Si les Maiftres des Requeftes vont au Grand Confeil, duquel Corps ils font pareillement, ils n'ont le rang qu'aprés les autres Maiftres des Requeftes, qui font receus mefme depuis eux, à caufe du Titre de Prefident en ladite Compagnie. Tous ces exemples détruifent cette maxime generale fur laquelle fe fonde ledit Sieur de Villayer par tous les memoires par luy produits ; & le Suppliant, au contraire, établit une autre propofition, que la difparité de droit eft celle qui decide l'ordre des rangs, felon les differentes occafions. C'eft fur ce fondement que doit eftre eftablie la queftion qui eft à juger. Car lorfque pour la place du Doyen ledit Sieur de Villayer veut eftre confideré comme Ancien, fuivant la regle ordinaire, qui veut que l'ancien en reception precede ceux qui font pofterieurs : On luy dit que cette maxime eft bonne, quand il y a *parité de droit* ; ce qui n'eft point à fon égard, attendu qu'il eft *Semeftre*, & que les autres font *Ordinaires*. Mais ledit Sieur de Villayer prevoyant que cette difference ruïne fa pretention, il a recours à deux autres moyens qu'il allegue dans fa requefte imprimée, pag 6. Le premier, qu'un Confeiller d'Eftat Semeftre eft Confeiller d'Eftat Ordinaire, pretendant que le mot *Ordinaire* doit eftre oppofé à *Extraordinaire* : ce qui ne peut convenir à fa qualité. Il explique mal le mot, *Ordinaire*, lequel doit eftre entendu d'une autre forte. Car comme il demeure d'accord que le Confeil d'Eftat eft une Compagnie Ordinaire, attendu que fon exercice eft continu & perpetuel ; par la mefme raifon, les Confeillers d'Eftat, dont l'exercice eft continu, font pareillement appellez Ordinaires : ce qui ne peut eftre dit des Confeillers d'Eftat Semeftres, dont le fervice n'eft que de fix mois. Il eft vray que dans la Chambre des Comptes, les Maiftres, quoy que Semeftres, fe qualifient Ordinaires, à la diftinction de ceux, lefquels eftant autrefois promus extraordinairement, eftoient nommez Extraordinaires. Le temps ayant aboly ces fortes de promotions, la qualité d'Ordinaires eft reftée pour marque de cette ancienne diftinction. Mais lorfque les Confeillers d'Eftat Semeftres fe qualifient Ordinaires, c'eft un avantage qui ne leur appartient pas, & qu'ils fe donnent ; ainfi que pratiquent aucuns Docteurs en Theologie de la Faculté de Paris, lefquels n'eftans de la Maifon de Sorbonne, ne laiffent pas d'en prendre la qualité au dehors, pour participer au luftre que cette Maifon s'eft acquife. Le fecond moyen qu'il allegue en la mefme Requefte, *page* 6. eft, qu'encore qu'il ne ferve que fix mois, il n'y a point d'inconvenient qu'il foit Doyen dans le temps de fon exercice ; & qu'ainfi dans une Compagnie il y ait deux Doyens : fe fervant de l'exemple du Grand Confeil, où il dit qu'il y en a deux ; de celuy des Maiftres des Requeftes, qui en ont quatre ; de Rome qui a deux Confuls ; & enfin de l'Empire avec un Aigle à deux teftes, & de plufieurs autres exemples de cette qualité ; pour conclure qu'encore que fon titre foit borné dans le fervice de fix mois, neantmoins il n'y a point d'inconvenient qu'il foit Doyen dans fon Semeftre. Il eft vray que fi tout le Confeil eftoit Semeftre, il n'y auroit point d'inconvenent que dans chacun Semeftre il y euft un Doyen. Mais le Confeil eftant une Compagnie Ordinaire, ainfi qu'il a efté juftifié, l'ordre & l'ufage y refiftent. Il croit encore rendre fa caufe favorable, quand il deprime la qualité de Doyen, pour la rendre convenable à un Confeiller d'Etat Semeftre. Pour cét effet, il rapporte un Extrait de la Chambre des Comptes, de l'année mil six cens trente-six, en ces termes : *A Messire Iean Iacques de Mesmes, Chevalier Seigneur de Roissy, & plus ancien Conseiller du Roy en ses Conseils d'Estat & Privé, la somme de douze mille livres à luy ordonnee par Sa Majesté, à cause de sadite Charge de Conseiller susdite.* Si tels écrits sont loy, en ce cas le Doyenné du Conseil est une Charge, contre tout ce qu'allegue ledit Sieur de Villayer. Mais toutes ces recherches vaines & inutiles reçoivent leur contredit par l'Arrest du Conseil, qui adjuge le Doyenné à Monsieur Daligre, lors Conseiller d'Estat Ordinaire, contre le Sieur de Lezeau, où la qualité de Doyen est nettement exprimée, ainsi que ledit Sieur de Roissy a esté toûjours nommé Doyen du Conseil. On demeure d'accord que ce n'est pas une Dignité de la qualité de celles qui sont à la teste des Compagnies, & qui sur icelles influënt un pouvoir. Mais on ne peut nier que ce ne soit une qualité considerable, qui a des honneurs dans le Conseil, & des avantages au dehors, qui doit estre la récompense de ceux qui par une suite perpetuelle d'assiduité & de travail, tels que sont les Ordinaires, meritent estre considerez, lors que la vieillesse avec les services les porte à pouvoir joüir de ce titre d'honneur. Et quand ledit Sieur de Villayer, pour pretendre au Decanat, allegue à V. M. ses longs services, ajoûtant mesme que cette récompense luy a beaucoup cousté à acquerir pendant toute sa vie ; il prend les mesmes parolles d'un Conseiller d'Estat Ordinaire, pour en meriter la mesme récompense. Car les reduisant à Semestre, il diroit mieux alleguant ses demy-services, & les travaux qu'une demy vie luy a dû acquerir. C'est en effet la difference qu'il y a entre l'assiduité des Ordinaires pendant toute l'année, & le service des Semestres pendant six mois seulement. Il ne reste plus qu'à considerer ce que répond ledit Sieur de Villayer sur l'article 16. du Reglement de 1673. qui juge le differend, & en suite ce que V. M. a préjugé. A l'égard de l'article, il dit, qu'encore que son service soit reduit à six mois, V. M. peut luy accorder la fonction d'Ordinaire, pour pouvoir servir l'année entiere : qui seroit une pure grace que V. M. luy feroit au préjudice du Suppliant : Ou bien que Monsieur le Chancellier l'appelleroit pour servir dans les autres six mois ; ce qu'il fonde sur ledit article 16, qui porte que *les Semestres n'auront entrée hors de leurs semestres, s'ils ne sont mandez par Monsieur le Chancelier :* ce qui a rapport à quelques affaires particulieres où ils devroient estre entendus, & non pas dans l'extension d'un Semestre tout entier, pour leur donner la fonction pareille à celle d'Ordinaire, ainsi que le pretend le Sieur de Villayer. Quand à ce qui concerne le préjugé, le Suppliant s'en est expliqué dans sa premiere Requeste, qui se reduit à ce que V. M. auroit fait défenses de prendre place du costé du Doyen, au dessus de luy, pendant la vie dudit Sieur de Lezeau ; ce qui a esté executé. Le Sieur de Villayer en demeure bien d'accord ; mais il croit que Monsieur le Chancelier Daligre en avoit ainsi usé, pour faire valoir le Reglement fait par Monsieur le Chancelier Daligre son Pere en 1624. qui portoit, que les Conseillers Semestres ne prendroient seance qu'aprés les Ordinaires. Mais il plaira, SIRE, à Vostre Majesté, se souvenir, que sans parler en quelque sorte que ce soit de ce Reglement de Monsieur le Chancelier Daligre, vostre volonté fut telle de préjuger le droit des Ordinaires en la personne du Suppliant, en ordonnant que nul ne se mettroit au dessus de luy, du costé de la chaise du Doyen. Et pour conclusion, Ou il faut que ledit Sieur de Villayer apporte un exemple d'un Semestre qui ait esté préferé aux Ordinaires pour le Decanat ; Ou qu'il se reduise à la raison, qui consiste dans la *disparité de droit*, telle qu'elle a esté cy-devant expliquée, & qui ne peut recevoir de replique, ou à l'usage qui se pratique en tel cas dans les Compagnies les plus celebres. Celuy du Parlement de Paris, & de tous les autres Parlemens, est tel, que le plus ancien Conseiller Clerc ne peut jamais parvenir au Decanat, par le défaut qu'il a de ne pouvoir présider en l'absence des Presidens, un Ecclesiastique ne pouvant pas presider dans une Compagnie Laïque ; & que sa fonction n'est pas universelle, comme doit estre celle d'un Doyen. Ainsi celuy qui est moins ancien, est préferé pour le Decanat, à celuy qui dans la seance ordinaire a son rang au dessus de luy. Le Sieur de Villayer qui voit que cette disparité qui a trait au Decanat, juge sa question, dit dans sa premiere requeste, *en la page* 7. que chacune Compagnie a ses regles ; mais les regles de ces grandes Compagnies ont pour guides la raison & la justice. V. M. mesme en a ainsi usé dans la contestation meuë entre Monsieur Daligre, depuis Chancelier de France, & ledit Sieur de Lezeau. Celuy-cy pretendoit, comme estant plus ancien, devoir succeder au Decanat ; Au contraire, Monsieur Daligre se fondoit sur la disparité de droit, & sur les avantages qu'il avoit d'avoir pris sa seance dans le Conseil auparavant ledit Sieur de Lezeau, ausquels il joignoit plusieurs circonstances. Sur cette contestation, V. M. nonobstant l'antiquité alleguée, jugea que Monsieur Daligre devoit remplir la place du Doyen par la disparité de droit : Ainsi non seulement V. M. a prejugé la question dont il s'agit, à l'egard du Suppliant ; mais elle en a fait mesme la decision. A CES CAUSES, SIRE, plaise à Vôtre Majesté donner acte au Suppliant, de ce que pour tous contredits contre les pieces & memoires produits par ledit Sieur de Villayer, il employe le contenu en la presente Requeste ; & en consequence, luy adjuger les fins & conclusions portées par sa premiere Requeste. Et le Suppliant continuëra ses vœux pour la conservation de la Personne Sacrée de Vôtre Majesté & pour l'heureux succez de ses entreprises. *Signé*, PONCET.

Memorial que presente à Vostre Majesté le Sieur Poncet vostre Conseiller d'Estat Ordinaire, Contenant sommairement les moyens extraits de ses deux Requestes.

SIRE,

La qualité de Doyen.

Par Arrest contradictoire du Conseil, prononcé cy-devant par la bouche de Vostre Majesté, dont il sera parlé cy-aprés. Monsieur Daligre a esté declaré Doyen du Conseil, à l'exclusion du sieur de Lezeau : C'est donc mal à propos que le Sieur de Villayer dénie à la qualité dont il s'agit, celle de Doyen.

Droit du Sieur Poncet.

Vostre Conseil par son service continu & perpetuel est qualifié Ordinaire, & les Conseillers d'Estat obligez au mesme service, sont pareillement Ordinaires ; partant la qualité de Doyen, qui doit remplir les mesmes fonctions, ne peut convenir qu'au plus ancien Ordinaire, tel qu'est le sieur Poncet.

Exclusion du Sieur de Villayer.

Le Conseiller d'Estat Semestre tel qu'est le sieur de Villayer, dont le service est reduit à six mois, n'est pas susceptible des mesmes fonctions que l'Ordinaire ; &

par consequent manquant d'aptitude, la place de Doyen ne luy peut convenir, *par la disparité du droit*, nonobstant qu'il soit le plus ancien.

Ainsi jugé.

Par Arrest contradictoire, prononcé de la Bouche de Vostre Majesté. Monsieur Daligre fut declaré Doyen du Conseil, à l'exclusion dudit Sieur de Lezeau, quoy qu'il fust plus ancien, & ce *par la disparité de droit*

Ainsi prejugé pour ledit Sieur Poncet.

Ledit sieur de Lezeau depuis devenu Doyen par la Promotion de Monsieur Daligre à la dignité de Chancelier, estant tombé dans une maledie tres-perilleuse, V. M. qui partoit pour aller à son Armée, ordonna que pendant son absence les Ordinaires & les Semestres mettroient leurs Memoires & Instructions entre les mains de Mondit Sieur le Chancelier Daligre; & cependant que les Conseillers, Semestres ne pourroient prendre place au dessus dudit Sieur Poncet, le plus ancien des Conseillers d'Estat Ordinaires, du costé de la chaise du Doyen, quoy qu'il y eust deux Semestres qui fussent plus anciens que luy.

Ainsi executé par ledit Sieur de Villayer.

Ledit Sieur de Villayer qui se trouvoit par ce moyen dans une place inferieure audit Sieur Poncet, ayant voulu se mettre au dessus de luy, du costé de ladite chaise du Doyen. Mondit Sieur le Chancelier Daligre luy fit défenses de rien attenter au prejudice de l'Ordre de V. M. de sorte qu'il se retira de l'autre costé, où il est resté pendant cinq ou six années, inferieur audit sieur Poncet, jusqu'au decés du Sieur de Megrigny.

Ainsi usité dans le Parlement.

L'usage est notoire & public, que le Conseiller-Laïque est admis au Decanat à l'exclusion du Conseiller Clerc, quoy qu'entr'eux ils marchent selon l'ordre de leur Reception, dautant que toutes les fonctions de Doyen ne luy conviennent pas: ainsi que le Conseiller d'Estat Semestre réduit dans les six mois, ne peut faire toutes les fonctions d'un Conseiller d'Estat Ordinaire dont le service est continu: c'est un exemple précis.

Ainsi pratiqué dans tous les autres Ordres.

Cette *disparité de droit* détruit pareillement le privilege commum de l'ancienneté dans tous les Ordres.

Dans l'Eglise, les Prelats Pairs de France, soit dans le Conseil, ou dans le Parlement, ne suivent point le rang du jour de leur Sacre, mais de leur titre & droit particulier. Dans les Estats de Bourgogne, les Evesques en usent ainsi entr'eux; & quand le Sieur de Ragny Evesque de Châlons sur Saone voulut le contester au sieur d'Attichy Evesque d'Autun, comme son ancien, il en fut debouté par Arrest contradictoire du Conseil. Ainsi en usent les Evesques en Bretagne, dans les Dioceses desquels se tiennent les Estats: il y a encore plusieurs autres exemples.

Dans l'Espée, les Ducs & Pairs ne considerent point entr'eux l'ancienneté de leur Reception, soit au Parlement, ou ailleurs; ils suivent le rang de leur titre.

Dans la Robe, un Conseiller d'honneur, ou Maistre des Requestes nouvellement receus, passent devant le Doyen du Parlement & du Grand Conseil, quoy qu'ils soient tous d'un mesme Corps. Les Maistres des Requestes, quand ils vont au Grand Conseil, n'ont leur seance dans ladite Compagnie qu'aprés leur Confreres, quoy que moins anciens, qui ont le titre & la qualité de President en cette Compagnie.

Toutes ces exemples justifient qu'il faut *la parité de droit*, avec *l'ancienneté.*

Réponses aux longs services dudit sieur de Villayer.

Qand le Sieur de Villayer voit que *son ancienneté* trouve dans la disparité de droit vn obstacle invincible, il a recours à vn second moyen, sçavoir à *ses services*, dont il prend vn avantage contre ledit Sieur Poncet, qui n'allegue point les siens, persuadé qu'ils doivent estre plûtost dans l'esprit du Souverain, que dans la bouche, ou à la plume du meritant. Mais mesme en cette occasion ledit Sr Poncet peut se défendre contre ce moyen dont on pretend le combattre : car il ne suffit pas de faire éclater en general ces noms fastueux *de hauts faits & de longs services*, il faut entrer dans le détail; & dire, *I'ay eu l'honneur* de rapporter à Sa Majesté plusieurs grandes & notables affaires, dont le succez m'a esté glorieux, & par ce moyen je me suis attaché à sa personne: Ou bien, jay réüssi dans les Ambassades: ou, j'ay vieilly dans les Intendances; lors que Sa Majesté a fait choix des plus illustres de son Conseil, pour composer celuy de reformation de la Justice, J'ay esté de ce nombre; la Chambre de Justice m'a veu l'vn des Commissaires, où j'ay éclaté contre la dissipation des finances, & employé mon talent contre les voleurs publics de l'Etat. Brefs, quand Sa Majesté, a estably des Commissions pour affaires importantes, j'y ay esté appellé.

Telles marques d'honneur sont de telle consideration, qu'avec équité elles pourroient faire vne douce violence à la Justice: mais tant s'en faut qu'il puisse s'en prevaloir, qu'il allegue des faits qui se retorquent contre luy-mesme: car quant il dit avoir vingt-quatre puisnez dans le Conseil, il fait le procez à son propre merite, puisque du nombre de ces vingt-quatre il y en a peut-estre plus de la moitié qui estoient Ordinaires, dont il n'a pû jamais ou obtenir, ou meriter la place; il veut que ses longs services, qui ne l'ont pû faire Ordinaire, l'élevent presentement au Decanat: les longs cheveux blancs ne font pas la preuve des longs services; au contraire, ce sont marques des ans vieux qui justifient l'opposé de ce qu'il veut prouver par des productions d'esprit qu'il couve depuis trois ans.

Par consequent ny le premier moyen dudit sieur de Villayer fondé sur son *ancienneté*, ny le second qu'il éleve sur *ses longs services*, ne peuvent estre recevables contre le droit acquis audit sieur Poncet, comme le plus ancien des Conseillers d'Estat Ordinaires.

Responſe du Sieur de Villayer à la premiere Requeſte du Sieur Poncet.

AU ROY.

SIRE,

LE SIEUR DE VILLAYER, voſtre Conſeiller d'Eſtat, Remontre tres-humblement à VOSTRE MAJESTE', que la Requeſte du Sieur Poncet qui luy a eſté communiquée, n'eſt pas moins extraordinaire dans les concluſions que dans les moyens dont il ſe ſert pour les appuyer : Il demande que ſans avoir égard à la Requeſte du Supliant, vos Conſeillers d'Eſtat Ordinaires ſoient maintenus dans le droit qu'ils ont de remplir la place de Doyen de voſtre Conſeil à l'excluſion des Semeſtres, & qu'il ſoit mis dans la place de Doyen vacante par le decez du Sieur de Lezeau.

Il a creu ſans doute qu'il devoit paroiſtre en qualité de deffendeur pour rendre ſa pretention moins odieuſe : mais la verité du fait dont il convient dans le corps de ſa Requeſte luy oſte cét avantage qu'il veut s'attribuer : Il advoüe qu'il s'eſt preſenté pour demander la place qu'occupoit le Sieur de Lezeau, & que V. M. qui a ſans doute eſté ſurpriſe de cette nouveauté, a ordonné que le Supliant qui eſt le plus ancien de vos Conſeillers d'Eſtat ſeroit oüy.

C'eſt donc luy qui eſt le demandeur & qui fait le trouble. Il ne craint pas meſme d'avoüer qu'il a brigué la place dont il s'agit, long-temps avant qu'elle vacquaſt ; Mais que V. M. toûjours ferme & inébranlable dans les regles de la Juſtice, ne voulut rien decider qu'elle n'euſt oüy ſes Conſeillers d'Eſtat Semeſtres qui y avoient intereſts ; ce qui montre que ce n'eſt pas le Supliant qui avoit formé la queſtion, mais le Sieur Poncet, qui tâchoit à la faveur d'une parole équivoque, de changer l'ordre immuable des choſes.

Apres cette premiere remarque, le Sieur de Villayer en fera une ſeconde. Le Sieur Poncet dans cette Requeſte, demeure d'accord que le Sieur de Villayer a *bonne raiſon*, s'il y a parité de droit entre l'Ordinaire & le Semeſtre ; ce qui a tellement eſté juſtifié par tous les Reglemens de 1628. de 1657. de 1670. & de 1673. que tous portent expreſſement que les Ordinaires & les Semeſtres garderont leur rang & leur ſcéance, & que l'Ordinaire ne pourra pretendre de preceder aucun Conſeiller d'Eſtat en qualité d'Ordinaire, qu'il ſemble que le Sieur Poncet veut donner les mains préciſement à ſa condamnation, qu'il a reconnu ne pouvoir éviter devant V. M. qui n'a jamais rien voulu que ce qui eſt le plus juſte.

La troiſiéme remarque que fera le Supliant, eſt écrite dans cette meſme Requeſte du Sieur Poncet, où il dit qu'il eſt devenu le Doyen par ſon antiquité dans les ſix mois où le ſupliant, dit-il, n'a pas droit d'entrer, & dans un autre endroit il adjouste que le Suppliant ne doit porter sa prétention au delà de son Semestre.

Par ces termes il paroist bien qu'il ne dispute pas le Doyenné audit Sieur de Villayer, pendant qu'il sera en Semestre, & qu'il ne le pretend que hors le Semestre dudit Sieur de Villayer.

. On voit bien par ces remarques que le Sieur Poncet par quelque remorts de conscience ne cherche qu'à sortir honnestement de la mauvaise entreprise qu'il a faite, & qu'apres avoir connu que V. M. n'avoit pû estre surprise par ces artifices ny portée à juger une affaire de cette consequence sans entendre leurs raisons & les parties interessées, il auroit une grande confusion de ce qu'on luy pourroit justement reprocher qui n'eust pas esté capable de se rendre justice á luy-mesme, luy qui est preposé pour la rendre aux autres.

La pretention du Sieur Poncet est que le plus ancien de vostre Conseil ne doit pas en estre le Doyen, les Notions communes, la disposition de Droit, l'Usage de toutes les Compagnies, & celuy de vostre Conseil resiste à cette proposition, qui ne peut se soûtenir que par des exceptions à la regle generale, lesquels devant estre establies sur de bons titres, il est aisé de juger que ledit Sieur Poncet tient lieu de demandeur, puisque c'est à luy à prouver le droit singulier dans lequel il veut estre maintenu.

Le Suppliant ne demande rien de nouveau, il a esté appellé dans le Conseil de V. M. douze ans avant le Sieur Poncet, il y a toûjours eu son rang & sa seance avant ledit Sieur Poncet; Ce rang luy a esté donné & marqué par le Reglement de V. M. du 3. Mars 1670. & par la liste qu'elle en a fait dresser, il n'est rien survenu qui luy aye fait perdre ce rang qui ne luy a jamais esté contesté. La mort du Sieur Lezeau qui estoit le plus ancien, a aproché ceux qui le suivoient, chacun dans leur rang & leur ordre, & ainsi celuy qui estoit le second de son vivant, devient le premier apres sa mort, & celuy qui estoit le troisiéme devient le second, c'est l'ordre naturel des choses dans lequel le Supliant se renferme.

Le Sieur Poncet veut le contraire, que le troisiéme devance le second pour entrer dans la place du premier, il faut voir s'il a des titres pour établir une pretention si contraire au bon sens, à la justice, à l'usage de tous les temps, de tous les Estats, & de toutes les Compagnies qui ont esté dans le monde.

Les Titres du Sieur Poncet ne sont que des paroles, des comparaisons sans rapport, des raisonnemens sans principe, vn prejugé imaginaire, contraire aux decisions formelles que V. M. a faites par les Reglemens; C'est le sommaire de sa Requeste à laquelle il sera aisé de répondre, quand on connoistra la nature & la qualité du sujet qui forme le differend. Il ne s'agit pas de la dignité qui a vacqué par la mort du Sieur de Lezeau, elle regarde une autre personne dont V.M. fera le choix, il s'agit simplement d'vn rang, d'vn ordre & d'vne seance qui ne se demande & ne se donne point, mais qui s'aquiert par le temps & par la date du serment & de la reception; Il s'agit de la place du plus ancien en charge, que nous appellons vulgairement Doyen, de sorte qu'il n'y à d'autre titre pour la posseder que l'ancienneté de la reception.

Estant vray, comme on ne peut pas en douter par l'idée & la notion que laisse dans l'esprit le mot de Doyen & de plus Ancien, que ce n'est autre chose que le premier rang, la premiere seance, & la premiere place entre personnes qui sont égales en dignitez. il est évident que la qualité de Conseiller d'Estat Ordinaire ne donne aucune prérogative pour le Doyenné du Conseil, parce qu'il n'est point deub à l'assiduité du service, mais à l'ancienneté de la reception; Il y a des Conseillers d'Estat de differends ordres & de differentes professions, il y en a d'Eglise, d'Epée & de Robe.

Quoy

Quoy que l'estat Ecclésiastique tienne le premier rang dans l'assemblée des Estats du Royaume, neantmoins les Ecclésiastiques que V. M. appelle dans son Conseil n'y ont d'autre rang que celuy de leur reception, bien que les Evesques cedent aux Archevesques & les Prestres aux Prélats dans les Assemblées Ecclésiastiques, les Prestres precedent les Evesques & les Evesques les Archevesques dans le Conseil de V. M. lors qu'ils sont les premiers appellez & reçeus, par ce que leur dignité est égalle dans le Conseil & qu'ils n'ont autre chose qui les distinguent que l'ordre du choix qu'en fait V. M. La mesme chose s'obeserve entre les Conseiller d'Estat Ordinaires & Semestres c'est l'vsage inviolable de vostre Conseil, justifié par les reglemens de V. M.

Cette verité se reconnoist par le Reglement de Compiegne. Qu'avant 1624. il n'y avoit point de Conseiller d'Estat qui servissent toute l'onnée, puisque ce fut alors seulement que l'établissement en fut fait, s'il y en eut eu quelque-uns, on en eut fait mention; Il est aussi sans doute qu'ils n'avoient aucune preseance sur les Semestres, puis qu'ils la demanderent & la surprirent en 1624. contre l'ancien usage du Conseil & de toutes les Compagnies superieures.

Cette nouveauté contraire à la Nature, aux Loix, à la Raison & à l'Usage, qui ne reconnoissent d'autres prérogatives entre ceux qui sont pareils en dignité que celles du temps, excita les plaintes de tous les autres Conseillers d'Estat: Mesmes les remontrances qui furent faites en 1627. en l'assemblée des notables de Paris, qui furent trouvées si justes par le feu Roy de glorieuse memoire, que par le Reglement de la Rochelle du 3. Janvier 1628. il restablit l'ancien usage des rangs suivant la datte de la reception, & ordonna que ceux qui seroient appellez au Conseil pour y servir comme Ordinaires, y auroient rang & séance du jour qu'ils l'avoient auparavant, sans qu'ils peussent pretendre la preseance sur les autres en ladite qualité d'Ordinaire.

Une Loy si claire ne laisse pas le moindre pretexte de contester: Il est évident que ladite qualité d'Ordinaire ne donne aucune prérogative pour le rang & la séance, puisque le Semestre qui devient Ordinaire, demeure dans le mesme rang qu'il avoit, & se void precedé par les Semestres qui estoient receus avant luy.

Ce Reglement qui a remis les choses dans la regle qu'on avoit violée, a esté religieusement observé pendant cinquante deux ans: Il est confirmé par celuy de 1657. portant que les Conseillers d'Estat Ordinaires & Semestres, prendront entr'eux leur rang & séance du jour & datte de leur Brevet & Lettres, & de la prestation de leur serment suivant les Reglemens.

V. M. a fait davantage par le Reglement du 3. Mars 1670. car elle ne s'est pas contentée d'ordonner la mesme chose; mais elle a fait une Liste ou un Tableau des Conseillers d'Estat, où les Semestres plus anciens precedent les Ordinaires posterieurs en reception, & où le Supliant a l'avantage d'estre placé avant ledit Sieur Poncet, qui luy a toûjours cedé le rang, la séance, la place, & les autres prérogatives d'ancien dans toutes les Assemblées publiques & particulieres. Enfin le dernier Reglement fait par V. M. du 3. Janvier 1673. a expressement ordonné que les Conseillers d'Estat, de quelque ordre & qualité qu'ils soient, n'auront rang & sceance au Conseil, que du jour qu'ils y seront appellez, à la reserve des Princes du Sang, des Cardinaux, & des Officiers de la Couronne, qui precederont les autres. Cette exception faite en faveur des personnes que leur naissance ou leur dignité esleve infiniment au dessus des autres hommes, confirme la regle à l'égard de tous les autres Conseillers d'Estat Ordinaires & Semestres.

Tous ces Reglemens, ont decidé la question qui se presente: Le Doyenné n'eſt qu'un rang, qu'une ſéance & vne place qui appartient au plus ancien des Conſeillers d'Eſtat. V. M. déclare par ſes Reglemens que la qualité d'Ordinaire ne donne point de rang ny de preſéance ; partant elle a jugé que la place du Doyen du Conſeil, qui n'eſt qu'un rang, n'eſtoit point affecté à un Ordinaire ; mais au plus ancien, ſuivant l'ordre du Brevet de la Reception & du ſerment.

Le Sieur Poncet ne ſoûtient pas que les Conſeillers d'Eſtat Ordinaires ſoient d'une dignité plus relevée que les Semeſtes ; Car ſi cela eſtoit, le dernier des Ordinaires precederoit le premier des Semeſtres, contre l'ordre que V. M. a eſtably dans les rangs & ſéances de ſon Conſeil, ainſi il faut qu'ils cedent au temps & a l'ancienneté qui regle le rang entre ceux qui ſont pareils en dignité.

Les freres qui ſont tous égaux dans leur condition, n'ont d'autre rang entr'eux que celuy de leur naiſſance, l'aiſné a le premier rang, parce qu'il eſt plus ancien que les autres & qu'il a l'avantage du temps.

Les Roys dont les differends ſe reglent par le droit des gens, c'eſt à dire par les principes de la raiſon naturelle, ne reglent leur rang que par la prérogative du temps, & quoy que la Puiſſance, la Iuſtice & la Valeur de V. M. l'élevent au deſſus de tous les Monarques du monde, Elle ne joüit du premier rang parmy les Princes Chreſtiens, & du Titre glorieux du Fils Aiſné de l'Egliſe, que parce qu'elle a ſuccedé au premier Roy Chreſtien, c'eſt à dire à celuy qui a le premier embraſſé le Chriſtianiſme. Qu'on examine toutes les Compagnies qui ont jamais eſté dans le monde on verra que le rang n'y a jamais eſté reglé que par l'ancienneté, de ſorte que le Sieur Poncet viole tout ce qu'il y a de plus ſaint, de plus ſacré & inviolable dans toutes les Loix naturelles & civilles, divines & humaines, quand il veut du troiſiéme devenir le premier, au prejudice du ſecond qui l'a toûjours precedé; Il ſoûtient pourtant que c'eſt un droit qui luy appartient, dans lequel il demande d'eſtre maintenu comme s'il en eſtoit en poſſeſſion. Il faut examiner ſon titre & les preuves de cette poſſeſſion qu'il allegue.

Son premier Titre eſt la qualité du Conſeil qu'il appelle vne Compagnie Ordinaire, & en infere que le Doyen de ce Corps perpetuel & ordinaire, doit eſtre Ordinaire.

Ce Titre n'eſt qu'un jeu de paroles & de mots, ny ſa premiere propoſition n'eſt veritable, ny la conſequence qu'il en tire ne ſe peut ſoûtenir, parce qu'elle eſt contre les regles.

Le Sieur Poncet affecte de dire que le Conſeil eſt Ordinaire, quoy qu'il ſoit certain que ce ne fut jamais une Compagnie Ordinaire ; Nos anciens Autheurs & les plus approuvez, du Tillet, Bodin & Loiſeau ſont de ce ſentiment en termes precis, & ils ont eu pluſieurs raiſons d'eſtre de cét avis, parce que nous entendons par Iuriſdiction ordinaire & par Compagnie ordinaire, un Tribunal où l'on juge à fonds les matieres contentieuſes, dont le pouvoir eſt borné & limité à certain genre de cauſes ou juſques à certaines ſommes.

En ce ſens, le Conſeil ne peut eſtre apellé Ordinaire, puis que ſon pouvoir s'étend ſur toutes ſortes de matieres, & n'a point d'autres bornes que celles de l'Eſtat, qu'il luy eſt défendu de juger le fonds, ny de s'attribuer la connoiſſance d'aucunes affaires qui appartiennent au Parlement, Cour des Aydes & autres Juges.

C'eſt par cette raiſon que l'on ne connoiſt jamais du fonds des affaires au Conſeil, & que ſi cela arrive quelques fois, ce qui eſt bien rare, à preſent que tout eſt dans l'ordre. Cela ne ſe fait jamais qu'apres un Arreſt de retention qui marque la volonté abſoluë de V. M. & qu'il fait le Conſeil Iuge extraordinairement de ce qui ne luy appartenoit pas.

Et comme ce qui eſt eſtably contre l'ordre des Loix eſt toûjours de peu de durée, c'est pour cela que toutes les fois qu'on a parlé de la réforme du Conseil, on a ordonné que toutes les causes qui y avoient esté Introduites ou retenuës, seroient r'envoyées à leurs Juges ordinaires.

Et rien ne sçauroit marquer plus precisément que le Conseil n'est pas Ordinaire, que cette opposition & que par son establissement, ny par l'intention des Roys, il n'a jamais esté Ordinaire, mais qu'il a esté fait pour maintenir les Juges dans la Jurisdiction qui leur avoit esté attribuée, & pour empescher les entreprises qu'ils faisoient les uns sur les autres ou contre les Ordonnances.

Aussi ce qui se voit plus communément dans le Conseil, ce sont des Reglemens de Juges, des Evocations ou des Cassations.

On peut dire veritablement que le principal employ du Conseil est de donner des Juges aux parties, mais non pas d'entreprendre sur ce qui leur est attribué.

Si le Conseil par cette raison ne peut estre dit Ordinaire, il ne le peut pas aussi, si l'on considere que ceux qui le composent ne sont pas des Officiers en Titre; mais de simples Commissions qui ont toûjours quelques chose d'extraordinaire, outre que puisque le Conseil est composé en partie d'Ordinaires & partie de Semestres, il y auroit bien plus de raison de dire que ce seroit une Compagnie Mi-partie, que de dire qu'elle fust Ordinaire.

Il y en a une autre preuve invincible qui se peut établir en cette maniére, le Conseil d'aujourd'huy n'est pas d'une autre nature, n'y n'a pas d'autre qualité que celle qu'il avoit du temps de Henry III. où tous les Conseillers d'Estat servoient par quatre mois; d'où il s'ensuit que si le Conseil est à present Ordinaire, il l'estoit aussi en ce temps-là; Et comme l'on pouvoit estre le plus ancien ou le Doyen en ne servant que quatre mois, on peut à plus forte raison le devenir à present que l'on en sert six.

Il y a cent raisons pour prouver que le Conseil n'est pas Ordinaire, puis que Monsieur le Chancelier n'a pas besoin d'Ordinaires pour tenir Conseil, ce qui marque bien que les Ordinaires ne sont pas plus nécessaires que les Semestres.

Quand le Grand Conseil servoit de Conseil, il n'estoit pas une Jurisdiction Ordinaire, & la raison en estoit qu'il connoissoit de toutes affaires extraordinaires, & que ceux qui le composoient n'avoient que de simples Commissions.

Quand on dit que le Conseil n'est pas une Iurisdiction Ordinaire, on n'en diminuë pas le pouvoir, au contraire on en reconnoist l'étenduë plus grande & plus universelle, puis qu'il connoist indifferemment de toutes matieres extraordinaires.

La raison qu'apporte le Sieur Poncet pour dire que le Conseil est Ordinaire, c'est qu'il dit qu'il n'a jamais esté appellé Semestre. On peut dire par la mesme raison qu'il n'est pas Ordinaire, parce qu'il ne se trouvera pas aucuns Edit ny Declaration, ny aucuns passage d'Autheur qui fasse voir qu'il ait esté appellé Ordinaire.

Quoy qu'il aye receu plusieurs dénominations de Conseil des parties, de Finances, de Guerre, de Dépesches, de Conseil d'Estat, de Conseil Privé, de Conseil secret estroit, &c. On n'a jamais pensé à l'appeller Ordinaire: Ainsi le Sieur Poncet ne devoit pas poser pour certain que le Conseil fust Ordinaire puis qu'en effet il ne l'est pas, & conclure de là que le Doyen doit estre Ordinaire; car d'un mauvais principe on n'en sçauroit tirer une bonne consequence.

Ce qui se peut dire de vray, c'est que le mot d'Ordinaire, est un mot équivoque: Quand il se rapporte au Conseil il veut dire une chose, & quand il s'applique aux Conseillers d'Estat, il en veut dire une autre.

Si l'on admet que le Conseil soit Ordinaire, ce seroit seulement pour dire qu'il y a toûjours un Conseil qui subsiste, qui ne meurt point, parce que les Compagnies sont perpetuelles; mais cela est bien differend quand on parle qu'un Conseiller d'Estat est Ordinaire, cela n'a de rapport qu'au temps de son service, pour dire qu'il sert toute l'année : Et ainsi c'est un jeu de paroles & un équivoque, sur lequel le Sieur Poncet a fondé toute son objection, laquelle ne doit estre d'aucune consideration, parce que les propositions à double sens ne font jamais de consequence de bon sens.

Le Conseil est tout ce qu'il plaist au Roy, qui luy donne & luy oste la connoissance des affaires comme il luy plaist ; C'est pour cela qu'il n'a point de Jurisdiction reglée ny ordinaire.

Mais quand on demeureroit d'accord que le Conseil seroit une Compagnie Ordinaire, l'induction qu'en tire le Sieur Poncet que le Doyen doit donc estre Ordinaire, sans doute, ne seroit pas bonne, y ayant autant de raison de le dire du Sous-Doyen, & de tous les autres Conseillers d'Estat, que du Doyen.

Outre que la consequence seroit mauvaise, parce qu'il n'y a point de rapport de la Compagnie à ceux qui la composent. La raison en est naturelle, le tout peut avoir des qualitez qui ne se rencontrent point dans les parties en particulier, comme il se void dans toutes les Compagnies Semestres qui subsistent toûjours, & qui sont Ordinaires, encore que les Officiers ne servent pas toûjours, desquels on peut dire neantmoins, que si le service n'est pas Ordinaire, que leur dignité ne laisse pas de l'estre.

Le Sieur de Villayer a donné une réponse particuliere à cette abjection, c'est pourquoy il n'en dira pas d'avantage, elle est au folio

Il remarquera seulement que si le Conseil est une Compagnie Ordinaire, parce qu'elle subsiste toûjours, toutes les Compagnies du Royaume sont aussi Ordinaires, par ce qu'elles sont perpetuelles.

Le Parlement de Bretagne qui sert par Semestre, la Chambre des Comptes, le Grand Conseil, les Maistres des Requestes, &c. sont toutes Compagnies Ordinaires, où l'on ne peut pas dire que le Doyen doive servir toûjours.

La difference du service d'Ordinaire par Semestre ou par Quartiers, ne change rien à la qualité & à la dignité de l'Officier.

Le Maistre des Requestes qui ne sert que par quartier, est Ordinaire, & tous les Officiers de la Maison de V. M. sont Ordinaires par quelque temps qu'ils rendent leur service : Dans ce sens il est vray de dire que comme toutes les Compagnies sont Ordinaires, par ce qu'elles subsistent toûjours : Tous les Officiers aussi sont Ordinaires, parce que leurs Charges subsistent toûjours.

Leur service n'est pas Ordinaire, mais leur dignité est Ordinaire.

En un mot, les Compagnies où V. M. preside, ou Monsieur le Chancelier en son absence, n'ont jamais pris leur dénomination par la qualité de ceux qui y sont appellez, ny par le temps de leur service Ordinaire ; mais par la qualité des matieres qui s'y traitent.

Pour répondre à ce que le Sieur Poncet dit en sa Requeste, que le Conseil est plus Ordinaire que le Parlement qui a des vacations. C'est assez de repliquer que c'est une vaine subtilité, estant tres-constant que le Parlement n'est pas moins une Compagnie ordinaire pendant le temps des vacations & hors les vacations : Aussi le Conseiller d'Estat qui ne sert que six mois, n'est pas moins Conseiller d'Estat hors son Semestre que dans son Semestre.

Il avance encore deux propositions, que le Doyenné à vacqué par la mort du Sieur de Lezeau, & de là il veut induire qu'il y a un Doyen qui est autre chose que l'Ancien, & que le Doyenné peut vacquer.

Mais le Sieur de Villayer supplie V. M. d'observer qu'il n'y a point de Doyen au Conseil, lors que l'on veut donner à ce terme d'autre signification que celle

du

du plus Ancien; car si l'on prenoit le mot de Doyen pour une dignité, cela ne se pourroit pas sans que par l'authorité souveraine, il en eust esté fait un establissement; ce qui n'a jamais esté.

2° Qu'il n'y a point d'autre dignité au Conseil que celle de Monsieur le Chancelier; que s'il y avoit au Conseil vn Doyen en titre, ce seroit vn Vice-Chancelier.

3° Que jamais personne sans estre le plus ancien, ne la pretendu avant le Sieur Poncet.

4° Que ce terme de Doyen n'est connu ny usurpé que depuis trente ou quarante ans, que les plus sages de vos Conseillers d'Estat l'ont rejetté, & ne l'ont jamais voulu prendre.

5° Qu'il n'y a point de Roy dans l'Europe qui ait admis ce mot de Doyen dans son Conseil qui ne convient qu'entre égaux en dignité.

6° Que de le vouloir establir par le Sieur Poncet de son authorité pour en faire un titre particulier distingué du plus ancien Conseiller d'Estat, & qu'il y eust un plus ancien; ce seroit pecher contre le respect qui est deub a V. M. & contre le bon sens, & contre l'opinion generale de tous les hommes.

De ce que dessus, il s'ensuit qu'il ne peut y avoir de question; ce qui n'est point, ne se conteste point: Et s'il n'y a qu'un plus ancien, il n'y a point aussi de question, car c'est vn fait, & le Sieur Poncet convient que le Sieur de Vilayer est l'Ancien.

Il ne faut pas dire que c'est la mesme chose; car le fait qui ne peut estre changé comme il arrive icy, establit un droit certain & incontestable.

Du moment que l'on est l'ancien, on ne peut plus contester le nom d'ancien ny les avantages qui le suivent, on ne peut pas non plus disputer au premier né, qu'il ne soit l'aisné, & qu'il n'en aye les prerogatives.

S'il n'y a qu'un plus Ancien, il est sans doute aussi que ce rang ne vaque jamais; car on ne sçauroit imaginer un instant qu'il n'y ayt toûjours dans une Compagnie un plus Ancien: Le premier n'a pas plustost cessé d'estre, que le second a pris son rang. Il est vray que la qualité de Conseiller d'Estat qu'avoit le Sieur de Lezeau a vacqué par sa mort; mais il n'est pas vray que son rang aye esté vuide un seul moment, parce que le mort saisit le vif, & que les rangs se transmettent de plein droit.

Il est bien difficile de concevoir comment le Sieur Poncet peut faire passer pour un préjugé, ce que V. M. n'a pas voulu juger, puis qu'au contraire elle a voulu entendre les parties.

Pour venir à ce qui est de plus essentiel, puis que le Sieur Poncet demeure d'accord dans sa Requeste que les raisons du Sieur de Villayer *sont bonnes* s'il y a parité entre le droit de l'Ordinaire & celuy du Semestre: Le Supliant fera voir facilement que l'on n'en peut douter par la lecture des quatre Reglemens faits par V. M. & que le Sieur Poncet a bien voulu estre condamné quand il est convenu de cette maxime, que suposant parité de droit, la cause du Semestre est indubitable, parce que quoy qu'il n'ayt pas rapporté les Reglemens tout au long, & qu'au contraire il ayt expressément retranché ce qui juge la question, il a bien sçeu & bien creu que le suppliant ne manqueroit pas de les rapporter en entier.

A l'égard du Reglement de 1628. il s'est bien donné de garde de faire connoître à V. M. qu'il y a une clause qui porte, qu'en interpretant le Reglement de Compiegne V. M. a ordonné que ceux qui seroient cy-aprés appellez au Conseil pour y servir comme Ordinaires, n'auroient rang & seance que du jour qu'ils y seroient appellez, sans qu'en consequence de la clause portée par le Reglement de Compiegne, ils puissent pretendre de preceder tous les autres Conseillers d'Estat en qualité d'Ordinaires.

Y a-t'il rien de plus positif? Le Sieur Poncet a esté appellé au Conseil depuis le Reglement de Compiegne, pour y servir comme Ordinaire, il ne peut donc pretendre la preseance sur tous les Conseillers d'Estat, en qualité d'Ordinaire; & c'est pourtant ce qu'il fait quand il demande, parce qu'il est Ordinaire, d'estre le Doyen qui precede tous les Conseillers d'Estat.

S'il a tronqué le Reglement de 1628. il n'a pas manqué d'en faire autant à l'égard de celuy de 1657. où V. M. dit expressément, aprés avoir composé son Conseil de Conseillers d'Estat Ordinaires & de Semestres, qu'ils prendront entr'eux le Rang & la Seance qui leur appartient du jour & datte de leur Brevet ou Lettres, & de la prestation de leur Serment, suivant les Reglemens qui en ont esté faits.

Il en a usé de la mesme maniere à l'égard du Reglement de 1670. dans lequel V. M. ayant reglé le Rang que ses Conseillers d'Estat tiendront à l'avenir, elle n'a eu aucun égard à la qualité d'Ordinaire. Mais seulement à la datte de la reception; Et ce qui est tres-remarquable, V. M. y a jugé personnellement entre le Sieur Poncet & le Suppliant la question qu'il renouvelle, l'ayant mis, quoy qu'Ordinaire, apres le Sieur de Villayer Semestre. Peut-on mieux justifier la parité de droit?

Que peut-on dire de cette maniare d'agir du Sieur Poncet devant V. M. à qui toute verité est deuë, & devant qui il ne faut jamais que de la bonne foy, qui ne peut estre lors qu'on ne rapporte pas sincerement les pieces qu'on allegue?

Le Sieur Poncet a fait encore la mesme chose à l'égard du Reglement de 1673. qui porte que les Conseillers d'Estat, soit qu'ils soient Prélats, gens d'Epée ou de Judicature, n'auront rang & seance que du jour qu'ils seront appellez au Conseil, à l'exception des Princes du Sang, des Cardinaux & Officiers de la Couronne.

Le Sieur Poncet n'a pas dit à V. M. que les Ordinaires n'estoient pas exceptez de cette disposition generale, & qu'estant Officier de Judicature comme le Sieur de Villayer, il ne pouvoit avoir d'autre rang que du jour qu'il avoit esté appellé au Conseil.

Si aprés avoir détourné quatre fois le sens de vos Reglemens, & obmis des clauses entiéres qui estoient decisives de la question, cela ne suffisoit pas pour faire connoistre l'addresse du Sieur Poncet, il y en a sans doute assez pour faire connoître à V. M. que la parité de droit est toute entiere entre l'Ordinaire & le Semestre, & que puis que le Sieur Poncet demeure d'accord que la cause du Suppliant *est bonne*, il ne reste qu'à prononcer & le declarer Doyen de vostre Conseil, s'il plaist à V. M.

Que si la parité de droit ne se trouvoit pas icy, c'est que le Sieur de Villayer a pour luy le droit de la nature & celuy de tous les Reglemens de V. M. l'usage de toutes les Compagnies, & une possession de quarante ans qu'il y a que le Sieur Poncet luy cede le rang, au lieu qu'il n'a rien du tout de son costé qui luy aye pû donner lieu de former cette contestation.

La prerogative des Ordinaires sur les Semestres n'est autre sinon qu'ils ont six cens écus d'appointemens de plus que les Semestres, c'est en cela seulement que consiste leur prérogative, mais non pas de preceder les Conseillers d'Estat Semestres qui sont en droit & en possession de garder leur rang, comme il plaira à Monsieur le Chancelier de l'asseurer à V. M.

Pour répondre à ce que ledit Sieur Poncet dit, que le Conseil est né Ordinaire:

Ledit Sieur de Villayer dira que cette proposition n'est pas vraye generalement parlant, puis que dans la premiere & seconde race de nos Roys, il y a eu des temps qu'il n'y en avoit point, & quand les Roys en ont voulu establir, ils ne les tenoient que de temps en temps, comme leur Parlement, qu'ils n'assembloient que deux fois l'année.

Quand le Sieur Poncet pretend que les Ordinaires sont de differente dignité, il se trompe volontairement : Si cela estoit, l'Ordinaire n'iroit jamais aprés le Semestre, & il n'auroit pas toûjours quitté le rang audit Sieur de Villayer, depuis qu'il est au Conseil, comme il a fait : Et parce qu'il a esté répondu par le Supliant au folio d'un Memoire qu'il a cy-devant produit, de crainte de repetition, il employe les raisons qui y sont rapportées, qui justifient que la dignité du Conseiller d'Estat Semestre est égale à celle d'Ordinaire.

La comparaison que le Sieur Poncet fait des Fiefs, n'a aucun rapport à la question : Il ne s'agit pas icy d'une succession ; mais d'un rang : Les masles dans les Fiefs l'emportent sur la femelle en pareil degré, parce que les femmes en estoient mesmes incapables dans la premiere origine des Fiefs : Mais pour appliquer l'usage des Fiefs au differend des parties, on pouvoit observer que le rang des Vassaux en la Cour de leurs Seigneurs en qualité de Pairs & de Juges des questions feodales, ne se regloit pas selon l'ordre du temps qu'ils devoient rendre service à leurs Seigneurs; mais par le temps de l'érection de leurs Fiefs. C'est de là que les Pairs de France ont leur rangs du jour de l'érection en Pairies. Ainsi pour faire vne comparaison juste, on peut dire que ce n'est pas le temps du service qui doit donner la prerogative du rang & la qualité de Doyen dans le Conseil de Vostre Majesté; mais la datte de la reception & l'avantage de l'ancienneté.

Ledit Sieur Poncet n'y pense pas non plus, quand il traite les Semestres comme des gens d'vne Relion condamnée, qui n'ont esté admis aux honneurs que par vne necessité politique, & dont il est juste d'empescher l'élevation autant qu'il est possible; Et il n'y a rien de plus injuste que de comparer vos Conseillers d'Estat Semestres à ceux à qui vne fausse Religion dérobe vne partie de leur éclat, & qu'on ne souffre qu'avec peine dans les Compagnies.

En vn mot le Sieur Poncet ne sçauroit faire voir aucune Loy que le Semestre ne pourra estre Doyen du Conseil ; & ainsi il en faut demeurer dans la regle ordinaire, & dans le droit commun de l'ancienneté. Il ne sçauroit aussi justifier que jamais on aye empesché aucun Semestre d'estre Doyen s'il s'est trouvé le plus ancien ; Mais le Supliant a l'avantage d'avoir fait connoistre à V. M. que pendant plus de cent ans les Conseillers d'Estat qui ne servoient que quatre mois par an, ont esté les Doyens; d'où il s'ensuit invinciblement que si on a peu l'estre en ne servant que quatre mois, l'on peut à plus forte raison le devenir lors qu'on en sert six : Outre que autant de fois que le Supliant a precedé & presidé le Sieur Poncet, ce sont autant d'actes possessoires qu'il peut estre son Doyen, puis qu'il a peu estre son President, qui est sans doute quelque chose de plus que d'estre son Doyen.

Pour finir cette réponse V. M. considerera, s'il luy plaist, que par les regles du Royaume, si l'on ne déplace point son Ancien on déplace encore moins le Doyen de sa Compagnie : Et puis que dans l'estat present de cette affaire le deceds du Sieur de Lezeau est arrivé pendant le service du Sieur de Villayer, & que les rangs se transmettent de plain droit, on ne peut pas douter qu'il ne le soit devenu à mesme instant, & n'aye entré en cette place, sans que l'on luy puisse alleguer qu'il ne doit pas entrer hors son Semestre. Que si aprés son Semestre finy le Sieur Poncet luy dispute son droit d'entrée, alors il repondra à sa pretention, dont il ne s'agist pas à present que le Sieur de Villayer est en fonction & en service actuel.

L'on ne fait point juger des questions qui ne sont pas nées, & qui peuvent n'arriver jamais. V. M. ne donne point d'Arrests que sur des faits certains &

qu'il est necessaire de décider. Celuy que propose le Sieur Poncet est plûtost une consultation temeraire, qu'une contestation legitime. Mais le Sieur Poncet fait toûjours des questions prématurées, comme V. M. la veu lors qu'il a demandé la place du Sieur de Lezeau pendant qu'il estoit vivant, & plus de cinq ou six ans avant sa mort.

Le Sieur Poncet ne pouvant soustenir son entreprise veut faire croire que V. M. a préjugé ce qu'il demande: mais V. M. qui n'a jamais condamné persone sans l'entendre, sçait bien le contraire & on ne peut pas en douter, puis qu'elle a la bonté d'avoir voulu sçavoir nos raisons avant que d'en decider.

Par là elle jugera s'il se faut rapporter à ce qu'allegue le Sieur Poncet, que V. M ordonna à Monsieur le Chancelier d'Aligre, d'empescher qu'aucun Conseiller d'Estat ne prît place au dessus de luy & ne se mist du costé du Doyen.

Il est si éloigné de la vraye semblance que cela soit tombé en l'esprit de V. M. qui n'a jamais decidé de quel costé se mettroient ses Conseillers d'Estat, ny sçeu où le Sieur Poncet prend sa seance; qu'outre que tout le Conseil n'a jamais entendu parler de cét ordre, il est bien aisé de croire que ce n'est qu'un déguisement pour colorer ce qui fut commandé par Monsieur d'Aligre, que l'on laissast la chaise du Doyen vuide. Et comme on voit aujourd'huy que l'on en fait connoistre la consequence, n'y ayant jamais eu que celle de V. M. qui est sacrée, qui ne se remplit jamais par personne, & que l'on ne devoit pas donner un droit prohibitif à la chaise que pretendoit le Sieur Poncet, ne devant y avoir de chaise privative & gardée; c'est peut-estre par cette raison que le Sieur Poncet veut déguiser cet ordre.

Mais il fait encore pis, car au lieu d'une place seule, il s'attribue tout un costé.

Quoy que ce puisse estre, le Sieur de Villayer proteste à V. M. par le serment qu'il luy doit, que jamais il n'a entendu parler d'autre chose sinon qu'on eust à laisser la chaise du Doyen vuide, & que le Sieur Poncet la pretendoit, & c'est contre toute verité qu'il allegue que Monsieur le Chancellier luy deffendit de la prendre, n'ayant jamais songé à s'y mettre depuis le commandement de Monsieur le Chancelier d'Aligre.

Et l'induction qu'en tire le Sieur Poncet, qu'il a precedé depuis le Suppliant, est certainement contre ce que tout vostre Conseil sçait & void tous les jours; ainsi cette consideration qu'il avoit reservée pour la fin de sa Requeste, n'est d'aucune consideration; n'y ayant pas mesmes d'apparence que s'il eust precedé le Suppliant en vostre Conseil, il luy eust cedé le rang en toutes Assemblées publiques & particulieres, comme il a toûjours fait, au veu & sçeu de tout le monde.

A CES CAUSSES, SIRE, & attendu tous les Reglemens, l'Usage & Possession, il plaise à VOSTRE MAJESTE, de débouter le Sieur Poncet de sa pretention, & ce faisant ordonner que le Supliant joüira de tous les avantages attribuez au plus ancien de vos Conseillers d'Estat, & il continuëra ses prieres pour la santé & prosperité de la Royale & Sacrée Personne de Vostre Majesté.

Signé, DE VILLAYER.

Réponse

Réponse du Sieur de Villayer, au Memorial du Sieur Poncet,

IL est vray qu'il n'y a point de Doyen au Conseil, & qu'il n'y en eut jamais qui aye voulu dire autre chose que le plus ancien en Reception ou en Service actuel. Quand VOSTRE MAJESTE' a appellé le Sieur Daligre Doyen, Elle n'a voulu dire sinon qu'il avoit le premier rang, parce qu'il en estoit en possession, & que le Sieur de Lezeau luy ayant quitté & cedé le rang, il n'estoit pas recevable à luy disputer, & à luy oster la place qu'il luy avoit abandonnée.

En cela, V. M. qui ne fit jamais préjudice à personne, ne luy a pas donné cette place, mais il l'a laissé où il l'a trouvé, & si pour parler comme nous faisons, le nom & la dénomination de Doyen a esté mise dans l'Arrest rendu au rapport du Sieur Poncet-mesme, & qu'il n'oseroit faire voir; On ne peut induire de là que V. M. aye eû ny la volonté ny la pensée d'ériger le premier rang du Conseil en Titre de dignité; qu'il a esté montré n'avoir jamais esté qu'un rang & un synonyme de l'ancienneté, duquel mesme on n'avoit jamais ozé se servir dans le Conseil que depuis les trente ans derniers que nous avons veu Monsieur d'Ormeçon en prendre la qualité : Mais comme ce n'a jamais esté que pour dénoter qu'il estoit le plus Ancien, personne ne s'en est formalisé; Mais qu'aujourd'huy le Sieur Poncet veüille donner au nom de Doyen, qui ne vouloit dire que le premier & le plus Ancien, la signification du second & du moins ancien au préjudice de celuy qui l'est; veritablement il n'y a ny raison ny apparence quelconque, non plus que de s'en faire un titre de dignité : Cela a esté si clairement expliqué par un Memoire particulier, dont le titre porte, *le Doyenné du Conseil n'est pas une Dignité*, folio & dans un autre Memoire qui porte en teste ce mot, *Rang*, & dans la page de la réponse du Sieur de Villayer à la Requeste du Sieur Poncet, qu'il n'est pas necessaire d'en dire davantage sur ce sujet.

Contre le second article dudit Memorial; où le Sieur Poncet dit, que le Conseil est Ordinaire, & que le Doyen doit estre Ordinaire.

Il a esté satisfait par le Sieur de Villayer assez amplement dans la réponse qu'il a faite à la Requeste du Sieur Poncet, où il a esté montré que le Conseil n'est pas une Compagnie Ordinaire : Et de plus, le Sieur de Villayer a fait voir, que quand le Conseil seroit une Compagnie Ordinaire; Ce qui n'est pas, la consequence qu'en veut tirer le Sieur Poncet ne seroit pas bonne, ny dans les regles. Pour cela, Monsieur le Rapporteur prendra la peine, s'il luy plaist, de lire un Memoire dont le titre porte, *Réponse à l'objection du Sieur Poncet, que le Conseil estant une Compagnie Ordinaire, le Doyen doit estre Ordinaire,* folio

Pour répondre au troisiéme article dudit Memorial, où le Sieur Poncet pretend que tous les Conseillers d'Estat Semestres sont incapables d'estre Doyens.

Le Sieur de Villayer employe, & n'ajoûtera rien au Memoire qu'il a donné, & lequel est quotté en teste, *Il n'y a nulle incapacité*, folio

Contre le quatriéme article dudit Memorial, où le Sieur Poncet dit, que V. M. a Iugé que le Sieur d'Aligre seroit Doyen, à l'exclusion du Sieur de Lezeau, quoy que plus Ancien.

Le Sieur de Villayer y a répondu par un Memoire quotté en marge, *Messieurs d'Aligre & de Lezeau*, folio dont la lecture seule satisfera suffisamment; Et si le Sieur Poncet vouloit rapporter l'Arrest dont il parle, & qui a esté rendu à son Rapport, il produiroit sa condemnation, & qu'il a jugé luy-mesme le contraire de ce qu'il demande, qui luy seroit une grande confusion.

Par le cinquiéme article dudit Memorial, le Sieur Poncet dit que V. M. a préjugé cette affaire en sa faveur, en ce qu'il met en avant que V. M. avoit ordonné que les Semestres & Ordinaires mettroient leurs Instructions entre les mains de Monsieur d'Aligre, & que cependant les Semestres ne pourroient prendre place au dessus dudit Sieur Poncet du costé de la place du Doyen.

Cet article merite quelques reflexions. La premiere, que le Sieur Poncet convient que dés il y a cinq ou six ans, il a voulu se faire nommer par surprise, & sans entendre le Sieur de Mesgrigny pour remplir la place de Doyen qui n'estoit point vacante, puis que le Sieur de Luzeau a encore vécu cinq ans depuis. Ce qui est si odieux par toutes les Loix qui ne permettent pas que l'on dispute de la dépoüille d'un homme vivant, & qui condamnent ces pretentions funestes & prématurées; De sorte que soit que l'on considere l'impatience du Sieur Poncet, il se peut dire que ce procedé n'est pas honneste, soit que l'on regarde que sans avertir le Sieur de Mesgrigny, il a tâché d'obtenir une place qui luy estoit deferée par l'ordre du Royaume, qui fait que le second succede au premier, & que le sous Doyen devienne Doyen; On peut remarquer à Vostre Majesté, que le procedé du Sieur Poncet n'estoit pas dans les regles de la Iustice, & ne devoit pas estre tenté par un bon Iuge tel que le Sieur Poncet.

Aussi V. M. qui a toûjours l'esprit present & penetrant, toûjours juste & toûjours honneste, rejetta cette proposition, & ne voulut rien décider pendant la vie d'un homme qui se portoit bien, & sans entendre celuy qui y avoit interest, qui marque bien que si V. M. n'a rien voulu juger, elle n'a rien voulu aussi préjuger, en une affaire qui n'estoit pas encoré née, & qui mesmes pouvoit n'arriver jamais, comme il paroist dans le fait dont il s'agist, où le Sieur de Mesgrigny est mort avant le Sieur de Lezeau.

Aprés cette remarque qui rend le discours du Sieur Poncet fort suspect; Le Sieur du Villayer proteste à V. M. qu'il n'a jamais oüy parler que V. M. eust deffendu que personne prist place au dessus du Sieur Poncet du costé du Doyen.

Et mesmes il y a peu d'apparence que V. M. sçache de quel costé se met le Sieur Poncet, ny que V. M. eust jugé par provision sans necessité, une affaire de cette conseqnence, qui ne pressoit point du tout, & qui estoit si éloignée.

Le Sieur de Villayer & tous les Conseillers d'Estat pourroient assurer Vostre Majesté, qu'ils n'ont jamais entendu parler d'autre Ordre, sinon que Monsieur d'Aligre avoit dit que l'on laissast la chaise du Doyen vuide; à quoy le Sieur de Villayer ne prenant aucun interest, parce que le Sieur de Mesgrigny estoit son Ancien, il ne laissa pas neantmoins de s'estonner que Monsieur d'Aligre n'eust pas representé à V. M. qu'il n'y a que la sienne seule qui ne peut estre remplie par personne, & que ce seroit faire un mauvais exemple si l'on donnoit à la pretention du Sieur Poncet, ce qui n'a jamais esté accordé.

Ces obſervations ne ſont faites que pour dire, comme le Sieur de Villayer en aſſeure V. M. qu'il y a grande apparence que s'il y a eû quelque Ordre, il a eſté ſurpris par le Sieur Poncet dans l'empreſſement de ſon départ pour aller à la guerre.

Et ce qu'ajoûte le Sieur Poncet que le Sieur de Villayer ſe voyant reduit à une place inferieure, avoit voulu paſſer du coſté où il ne ſe met point, & que Monſieur d'Aligre le luy avoit deffendu; C'eſt une fable & un fait controuvé, par ce que cela n'a jamais eſté: Et ſinon que le deſtail pourroit ennuyer V. M. il ſeroit facile de le démontrer.

Pour le ſixiéme article, la réponſe eſt bien aiſée, puis qu'il n'eſt pas moins faux que le premier; Et jamais le Sieur de Villayer n'a eû de place inferieure à celle du Sieur Poncet. Monſieur le Chancelier qui void & qui ſçait ces choſes parfaitement, en peut dire la verité à V. M.

Les exemples des Eſtats de Bourgogne & de Bretagne ſont auſſi tres-mal alleguez: Chaque lieu a ſes Uſages, & meſme il y a des raiſons évidentes de cette preſéance. Comme le Curé dans ſa Paroiſſe à la preſeance, l'Eveſque la peut auoir auſſi dans ſon Dioceſe, d'autant plus aux Pays d'Eſtats où ſouvent il y a des Preſidens nez; Mais le Sieur Poncet court de toutes parts pour deffendre ſa mauvaiſe entrepriſe, ſans trouver en aucuns lieux des raiſons qui luy puiſſent ſervir,

De ce que le Sieur Poncet dit que dans l'Epée les Ducs & Pairs gardent le rang de leur Erection, c'eſt par ce qu'ils ont eſté exceptez nommément. Et n'y ayant que la preſéance de l'ancienneté & celle de la dignité, il a eſté dit poſitivement que ceux-cy garderoient celle de leur dignité, commé il a eſté ordonné aux gens de Judicature, tel que le Sieur Poncet & le Sieur de Villayer, de ſuivre celuy de leur reception.

De ce que les Conſeillers d'honneur precedent les Maiſtres des Requeſtes, & les Maiſtres des Requeſtes les Conſeillers; cela vient de ce que leur dignité leur donne rang les uns ſur les autres; Mais entr'eux ils ſuivent le rang de leur reception. Mais à quoy ſervent toutes ces objections eſtrangeres? Le Sieur Poncet bat la campagne inutilement; il en faut revenir au Conſeil où nous ſommes, où noſtre rang eſt réglé où il eſt certain que l'Ordinaire n'a point de rang ſur le Semeſtre.

Pour l'objection que fait le Sieur Poncet dans l'article ſept dudit Memoirial, que l'Eccleſiaſtique ne peut eſtre Doyen au Parlement, elle n'eſt pas conſiderable, par ce que cét exemple ne fait aucune impreſſion; Outre que chaque

Compagnie à ses regles & vsages; Cette comparaison n'a point de rapport ny d'application; ny à nous qui ne sommes Ecclesiastiques ny l'un ny l'autre; ny au Conseil, où nous avons veu Monsieur Fremiot Archevesque de Bourges, & depuis peu le Sieur de Leon Bruslard Doyen du Conseil, & pour peu que l'on voulust remonter plus haut, on y rencontreroit beaucoup d'Evesques qui ont esté les plus Anciens du Conseil: Et il n'y a pas apparence que le Sieur Poncet voulust dire que tous les Evesques fussent incapables d'estre Doyen, comme il le dit de tous les Semestres; Ce seroit à luy une presomption étrange de mépriser & de mal-traiter tant de personnes de merite & de qualité pour son interest particulier.

Lors que le Sieur Poncet dans le huitiéme article soustient que la disparité de droit détruit le privilege de l'ancienneté: Et qu'il dit que le Prélat, Pair de France ne suit point le rang de son Sacre; Cette comparaison n'a aussi nul rapport à nostre cause, car pas un de nous n'est ny Prélat ny Pair de France, & l'on sçait que les Officiers de la Couronne sont precisément exceptez de la regle de l'Ancienneté par l'article 9. du Reglement de 73. à laquelle les Officiers de Judicature sont nommément sousmis.

Par la huitiéme objection, le Sieur Poncet dit, que le Sieur de Villayer a recours à ses grands Services; mais que ces noms faustueux ne servent de rien.

Cela est si éloigné de tout ce qu'a dit le Sieur de Villayer, que l'on ne sçauroit assez s'étonner de tout ce que luy objecte le Sieur Poncet; Jamais le Sieur de Villayer n'a dit autre chose, si non que la datte de la Reception est la regle des Rangs, Et que pour sçavoir qui doit estre le premier, il n'y avoit qu'à voir qui estoit venu le premier.

Il a rapporté la grande difference qui est entre la Reception du Sieur Poncet & la sienne; Il a dit que vingt-quatre Maistres des Requestes estoient entr'eux deux.

Qu'il estoit en service actüel au Conseil, douze ans avant que le Sieur Poncet y entrast; où est le faste & la gloire qu'il reproche au Sieur de Villayer? Il est difficile, pour ne pas dire, il est impossible de rapporter la verité plus simplement. Cependant, comme si le Sieur Poncet avoit perdu cette grande intelligence qu'il a, Il traite le Sieur de Villayer du haut en bas; Il s'échappe jusques à luy dire de mauvaises paroles, qu'il n'a jamais pû obtenir n'y meriter une Place d'Ordinaire.

Tout le monde sera surpris de cette colere qu'il a pris si mal apropos. A-t'il droit de se rendre Juge du merite de ses Confreres? Le Sieur de Villayer en usera bien plus honnestement que luy; Il le reconnoist habile homme, il demeure d'accord qu'il écrit éloquemment, qu'il a acquis dans les Rapports qu'il a fait, & dans ses Commissions, où il a esté appellé, beaucoup de réputation, qu'il a éclaté dans la Chambre de Justice.

Mais aprés luy avoir fait toutes ces reconnoissances, ne veut-t'il pas demeurer d'accord, que d'estre de la Chambre de Justice, de rapporter des Procez, cela n'a jamais donné le Doyenné de sa Compagnie, ny le rang sur ceux qui ont moins rapporté, & qui n'ont pas l'avantage d'éclater comme luy. Il a raison de rendre graces à Dieu de tant de beaux talens qu'il luy a donné: Mais le Sieur de Villayer luy

luy en rendra de ce qu'il a permis qu'il soit entré au Conseil avant luy.

N'est-il pas surprenant que le Sieur Poncet ose dire à V. M. que les avantages qu'il a, peuvent faire vne douce violence à la Justice? Qui a jamais dit chose semblable? La Justice ne fait point de violence à personne; Vn grand Magistrat y trouve des excuses & de la raison; Que peut-on y répondre? Le Sieur de Villayer en laissera juger & n'en prendra pas la liberté.

Apres tant de moderation, permettez-moy SIRE, si j'ose me flatter à mon tour aprés avoir assez applaudy au Sieur Poncet; Et si je supplie tres-humblement V. M. de se souvenir que dés 1638. qui est l'année de l'heureuse Naissance de V. M. J'estois Intendant de Justice; que depuis ce temps-là, Je n'ay pas abandonné le service vn seul moment, que j'ay toûjours suivy V. M. Et cette grande, bonne & vertueuse Princesse la feuë Reyne Mere de V. M. dans tous ses voyages pendant des temps fâcheux & difficiles. Vostre Majesté qui n'oublie jamais les services que l'on luy rend, n'aura pas peine à se souvenir que j'estois à sa suite en ses voyages de Poictiers, de Saumeur, de Blois & autres.

Monsieur le Chancelier le sçait; J'ay de la pudeur d'oser dire que j'aye fait quelque chose pour le service de V. M. C'est pourquoy je ne continuëray pas, reconnoissant que l'on peut bien marquer son zele & sa fidelité; Mais que l'on est toûjours vn Serviteur inutile, qui peut neantmoins esperer que V. M. voudra bien luy conserver la Iustice: Et c'est la grace dont il supplie tres-humblement V. M. nonobstant tous les mépris du Sieur Poncet & ses pretentions ambitieuses, nouvelles & injurieuses.

Sommaire des raisons du Sieur de Villayer.

AV ROY.

SIRE,

La contestation qui se presente devant VOSTRE MAJESTE vient de ce que Monsieur Poncet pretend estre Doyen de vostre Conseil au préjudice du Sieur de Villayer qui est son ancien.

Pour examiner cette pretention par les regles de la Justice: Car Vostre Majesté qui est le plus juste aussi bien que le plus puissant Roy du monde, ne reçoit point d'autres considerations dans tous les Jugemens qu'elle rend.

Le Sieur de Villayer dira seulement que la qualité de Doyen ne peut estre que le titre d'une dignité, ou le titre de l'ancienneté.

Lorsque c'est une dignité, elle a vn establissement public qui ne se peut faire que par l'autorité du Souverain, à qui seul il appartient d'ériger des titres & de donner des qualitez.

Mais le Doyenné du Conseil n'est pas de cette nature, V. M. ny tous les Rois vos predecesseurs par des considerations importantes, n'ont pas eu agreable de l'ériger en titre de Dignité par aucun Edit, Declaration ny Reglement.

C'est par cette raison qu'ils n'ont jamais fait personne Doyen, ny empesché aussi personne de l'estre. Depuis qu'ils ont partagé avec le Ciel leur puissance & qu'ils ont résolu & étably l'ordre des rangs par le temps de la reception: Ils n'ont point changé cette regle qu'ils ont faite pour toûjours & pour tout le monde.

Et il faut que Monsieur Poncet se soit persuadé d'une grande consideration en sa personne, ou d'un appuy bien puissant pour l'avoir entrepris.

Personne avant luy n'avoit osé demander la place & le rang de son Ancien.

Le sceau n'a jamais donné le droit d'estre de la Grand' Chambre ny de Commissaires avant son rang. Il n'y a point de Charge au Conseil qui soit créée pour faire un Doyen: Ny pour remplir aucun rang que celuy que le temps doit acquerir entre ses Confreres.

Les Rois n'ont jamais fait l'aisné de pas une Maison, ny le Doyen de pas une Compagnie; ils n'y ont jamais pourvû, élû, ny nommé. Le Pere de famille ne se choisit pas un aisné, il le reçoit des mains de la nature; Et s'il vient à manquer, le second prend sa place, & renaist des cendres du premier.

Depuis que V. M. regne si heureusement sur ce grand Estat, mille Doyens sont morts, dix mille rangs ont changé, sans que V. M. en aye seulement entendu parler.

Cette reconnoissance generale de tout le monde est une preuve invincible que le rang de Doyen, ny tous les autres rangs ne sont pas des dignitez qui se donnent ny qui se demandent.

Peut-on mieux convaincre l'incivilité d'une pretention qu'en prouvant qu'elle est contraire au droit naturel & à tous les Reglemens que V. M. a faits qui sont si sages & si justes?

Quand V. M. crée toutes les Charges, & qu'elle y pourvoit, c'est une marque de son pouvoir & de son autorité souveraine. Et lors qu'elle ne fait pas un seul Doyen & qu'elle laisse les rangs & les sceances à la disposition du temps, c'est un effet de sa justice. Mais quand Vostre Majesté fait tous ses Officiers Doyens, chacun en son rang, & selon la disposition du Ciel où la durée des hommes se regle & se determine; c'est le comble & l'assemblage de sa justice, de sa sagesse, & de sa puissance.

Pour ne pas donner les rangs au changement de chaque Officier, les Roys n'en sont pas moins puissants. Cela vient de ce que par une grace prevenante, ils en ont fait une donnation generale à tous ceux qui seront pourveus; ausquels ils ont accordé la faculté de succeder au rang de ceux qui les precedent. Il en est de mesme de la succession des rangs, que des autres biens, où le mort saisit le vif.

Si ce n'est qu'il y aye une loy expresse qui aye dérogé au droit commun, au droit naturel & public, qui est plus ancien que toutes les Compagnies.

Apres avoir fait connoistre que le Doyenné n'est pas un titre de dignité, il s'ensuit necessairement que c'est un privilege d'ancienneté: Jamais aussi on n'a entendu, en parlant du Doyen d'une Compagnie Laïque, autre chose que celuy qui est le plus Ancien.

Comment donc Monsieur Poncet qui n'est que le vingt-quatriéme puisné du Sieur de Villayer, y ayant vingt-quatre Maistres des Requestes receus entre l'un & l'autre, prétent-il devenir son aisné? Comment Monsieur Poncet qui n'est entré au Conseil que douze ans apres le Sieur de Villayer, qui avoit l'honneur d'y estre assis, comme Conseiller d'Estat ordinaire, lorsque Monsieur Poncet estoit Maistre des Requestes, apres avoir suivy le Sieur de Villayer en toutes les places du Conseil; prétent-il, nonobstant une possession si publique de quarante, années le preceder en la place de Doyen qui precede tous les autres?

Il n'est rien arrivé de nouveau par la mort du dernier Doyen, qui ne fust arrivé par la mort de ceux qui l'estoient avant luy, où jamais Monsieur Poncet n'a pensé à passer devant son Ancien.

Le deceds de Monſieur de Lezeau eſt une cauſe eſtrangere à leur égard : elle n'oſte rien à l'un, & ne donne rien à l'autre; ce changement ne doit donc pas faire changer l'ordre qu'ils gardoient entr'eux pendant ſa vie, s'il plaiſt à Voſtre Majeſté, puiſqu'ils ſont toûjours les meſmes qu'ils eſtoient, & que ny eux ny leurs Charges, ny voſtre Conſeil n'ont pas changé de qualité.

Lors que vos Conſeillers d'Eſtat ne s'élevent que d'un degré, Monſieur Poncet ſe veut avancer de deux, & ſauter de la troiſiéme place à la premiere ſans paſſer par la ſeconde, cela n'a jamais eſté, y a-t'il apparence que dans ce mouvement general celuy qui eſt le plus Ancien demeure immobile tout ſeul, chargé de confuſion ſans avoir fait aucune faute? Il deſcendroit lorſque tous les autres montent; Car c'eſt deſcendre en verité que de ne pas monter en ce rencontre.

Ce luy ſeroit une choſe bien rude de voir que celuy qui a toûjours eſté aprés luy fuſt mis devant luy, & qu'au lieu de trouver dans ſon ancienneté un degré d'honneur auſſi bien que ſes Confreres, il y rencontraſt la dégradation la plus amere qui fut jamais, & ſans autre raiſon que d'avoir trop veſcu, & rendu de plus longs ſervices.

Voſtre Majeſté, qui fait une grace accompagnée de beaucoup de gloire à ceux qu'elle appelle en ſon Conſeil pour y ſervir toute l'année, n'a jamais eu la penſée d'y joindre une difference ſi mortifiante, que de leur accorder le droit d'exclure ceux qui ſervent par Semeſtre de la premiere place.

Tant s'en faut que V. M. les aye voulu éloigner du Doyenné, qu'au contraire Elle les a maintenus dans le rang de leur ancienneté, qui les y doit conduire pour montrer à ceux qui ſe trouvoient aprés eux, qu'ils ne pouvoient devenir leurs Doyens, & faire voir à tout le monde que les actions de V. M. ſont toûjours remplies de grace & de juſtice; V. M. n'a jamais voulu eſtablir entr'eux une qualité predominante, & une qualité ſervante, ny rendre la dignité des uns inferieure à celle des autres.

Voſtre Majeſté ne permettra pas, s'il luy plaiſt, qu'aprés une courſe heureuſe de cinquante années de ſervice, le Sieur de Villayer eſtant arrivé au port il y face naufrage, & qu'il y voye perir avec luy par ſon malheur particulier tous vos Conſeillers d'Eſtat qui ſervent par Semeſtre, contre leſquels V. M. prononceroit, ſi la pretention de Monſieur Poncet avoit lieu, une exheredation honteuſe en les privant de leur droit d'aineſſe, qui eſt le Doyenné de Voſtre Conſeil, auquel ſuivant l'ordre du Royaume V. M. les a tous appellez égallement par une ſubſtitution graduelle, & perpetuelle, ſelon le rang de leur reception.

Voſtre Majeſté jugera, s'il eſt ſi important à l'Eſtat, que Monſieur Poncet ſoit le Doyen du Conſeil plûtoſt qu'un autre, qu'il faille renverſer l'ordre pratiqué depuis douze cens ans dans Voſtre Conſeil, où jamais perſonne n'a paſſé devant ſon Ancien.

Et s'il eſt juſte de preferer le puiſné à ſon aiſné contre cette Loy ſi ſainte, & ſi bien receuë de tout le monde, & qui eſt écrite dans le cœur de tous les hommes.

Par là V. M. Connoiſt que Monſieur Poncet demande ce qui n'a jamais eſté demandé ny pretendu : il veut eſtre le premier quand il n'eſt que le ſecond ; il veut eſtre le Doyen ſans eſtre le plus Ancien ; Il veut violer les ordres naturels, les ordres Civils & publics: Et ce qui eſt plus fort que tout le reſte, les loix que V. M. a faites avec une ſageſſe incomparable.

Il veut ce qui eſt ſans exemple au Conſeil, & pour tout dire en un mot ce qui eſt moralement impoſſible : Et pour cet effet y employer la puiſſance abſoluë de V. M. laquelle n'a jamais rien voulu que ce qui eſt le plus juſte, & quoy qu'elle puiſſe tout changer a pris plaiſir à conſerver toutes choſes dans leur ordre legitime.

Vostre Majesté, dont la justice est inseparable de sa puissance, decidera si Elle trouve raisonnable de faire une si grande nouveauté, que d'accorder à Monsieur Poncet ce qui n'a jamais esté donné à personne: Et à mesme-temps si Elle veut refuser au plus ancien de ses Conseillers d'Estat, ce qui n'a jamais esté dénié à aucun qui y soit parvenu par ses longs services.

Et si elle veut en détruisant tout ce qu'elle a fait déclarer ses douze Conseillers d'Estat qui servent par Semestre, incapables de devenir les Anciens de vostre Conseil, lesquels bien loin d'avoir jamais manqué à leur devoir s'en sont acquittez si heureusement qu'ils ont merité le degré d'honneur le plus élevé de leur profession, qui est d'assister en ses Conseils, & d'y voir V. M. avec une admiration perpetuelle rendre la justice à tout le monde, avec autant de lumiere que d'équité.

Quand Monsieur Poncet n'entrera en la place de Doyen de vostre Conseil, que lorsque l'ancienneté de sa reception le luy appellera, il ne souffrira rien dont il aye droit de se plaindre, & qu'il n'aye bien voulu toute sa vie, puisqu'il est accoûtumé d'estre aprés le Sieur de Villayer depuis quarante ans, cette preséence ne luy doit faire aucune peine.

S'il avoit fait reflexion que le Doyenné qu'il pretend n'est qu'un triste & funeste present que la vieillesse nous fait pour consolation des chagrins qu'elle apporte.

S'il avoit consideré que cette récompense passagere est de si peu de durée, qu'en trente ans elle a passé par dix mains differentes, & qu'il n'y a point de bien plus caduc & plus volatil, & qui se doive moins souhaiter, apparemment il ne se seroit pas tant donné de peine, & n'auroit pas marqué tant d'empressement pour une place si proche de nostre fin commune.

Car aprés tout, le Doyenné de vostre Conseil n'est qu'un poste avancé vers la mort, d'où l'on voit de bien prés cette ennemie dont on est asseuré d'estre vaincu. Il est plus juste de laisser aller toutes choses selon leur cours ordinaire, & vivre dans l'ordre que l'on trouve étably sans entreprendre de le vouloir changer pour son interest particulier, & il faut respecter les anciens établissemens dont toutes les Compagnies sont contentes.

Pour peu que Monsieur Poncet vueille attendre, il obtiendra justement du temps ce qu'il demande à present sans raison & sans justice : Et s'il craint de ne pas survivre le Sieur de Villayer, il se tourmente pour peu de chose & pour bien peu de temps ; mais quoy qu'il en soit, sa crainte ne doit pas faire changer les ordres generaux qui ont deferé le Doyenné, & tous les rangs par la datte de la reception en toutes sortes de professions.

Dans l'Eglise les Evesques ont le rang de leur consecration, les Abbez de leur benediction, les Prestres de leur ordination, & les Religieux de leur profession.

Dans l'épée les Duchez & Pairies, celuy de leur erection.

Entre les Officiers de la Maison de Vostre Majesté & de toutes ses Armées, celuy de leur promotion.

Et dans la Robe, les Compagnies gardent l'ordre de leur institution, comme les particuliers celuy de leur reception. Tous ceux qui ont esté Doyens du Conseil, y sont parvenus par l'ancienneté de leur reception & de leurs services. Il est constant aussi que tous vos Conseillers d'Etat gardent encore presentement ce mesme ordre suivant tous les Reglemens.

Ainsi Vostre Majesté voit que la nature, la providence de Dieu, l'ordre de l'Eglise, de l'Epée, de la Robe, & du Conseil; l'exemple, la justice, la raison, la Coûtume, & la possession condamnent la pretention de Monsieur Poncet qui

est

est si nouvelle, que persone avant luy ne l'avoit encore imaginée.

Mais quoy que toutes ces raisons puissent faire esperer au Sieur de Villayer que Vostre Majesté voudra bien qu'il joüisse d'un honneur qui luy a cousté toute sa vie à acquerir. Il se donnera neantmoins bien de garde de s'en faire aucun droit ny de rien pretendre autrement que par la pure grace de Vostre Majesté, de laquelle il reconnoist avec une soûmission profonde que toutes choses dépendent.

Parité de Droit.

Pour montrer que l'Ordinaire & le Semestre sont en parité de Droit.

LE Sieur Poncet estant demeuré d'accord dans sa Requeste, pag. 2. ligne 29. Que le droit du Sieur de Villayer est bon, s'il y a parité de droit entre l'Ordinaire & le Semestre, & ayant reduit la decision de cette affaire à ce point, le Sieur de Villayer dira qu'il n'y a qu'un Corps de Conseillers d'Estat, & que le Sieur Poncet en veut faire deux avec disparité de Droit. Cela ne se peut par plusieurs raisons.

Ils connoissent des mesmes affaires, & ont la mesme Jurisdiction.

Ils suivent le rang de leur Reception.

L'Ordinaire succede au Semestre, & le Semestre à l'Ordinaire, sans que l'un se fasse tort ny préjudice, & sans que l'autre entreprenne rien d'extraordinaire. Ils sont donc en parité de Droit.

Le Conseiller d'Estat Ordinaire ne peut rien faire que le Semestre ne puisse faire aussi bien que luy.

En effet, depuis dix ans que le Sieur de Lezeau ne venoit point au Conseil, s'il a eu droit de faire quelque chose, le Sieur de Villayer a eu la mesme puissance & faculté.

La fonction de l'Ordinaire n'est point differente de celle du Semestre; Et il seroit bien difficile de deviner ce qu'entend le Sieur Poncet, lors qu'il dit que les principales fonctions du Conseil appartiennent à l'Ordinaire, qu'il a des avantages au Conseil, & hors le Conseil sur le Semestre.

Depuis cinquante ans le Sieur de Villayer n'en a jamais vû ny connû aucune, sinon que parce qu'ils servent douze mois, dont ils sont bien payez.

Pour montrer qu'ils sont en parité de Droit, celuy qui sert toute l'année, quitte le Rang, & au Conseil, & hors le Conseil au Semestre, qui est son ancien.

De cela seul il s'ensuit qu'il y a entr'eux une parité de Droit toute entiere.

Car si cela n'estoit pas, jamais l'Ordinaire ne quitteroit la place au Semestre.

Il faut necessairement que l'un & l'autre soient égaux, puisque ils se déferent la place selon l'ancienneté de leur Reception:

Jamais l'Ordinaire n'a fait difficulté de venir travailler chez le Semestre, qui est son ancien, n'y d'y estre precedé & presidé; Il n'a point jusqu'à present trouvé à redire que le Semestre luy aye demandé son avis, & signé avant luy les Expeditions qui se sont presentées. Le Sieur Poncet est venu cinquante fois chez le Sieur de Villayer son ancien.

Combien de fois au Conseil de la Marine, & en toutes les autres Commissions ? Le Semestre y a t'il presidé lors qu'il s'est trouvé le plus ancien?

Tous les Conseillers d'Estat servant actuellement, sont en parité de Droit, comme tous les Conseillers, les Maistres des Requestes, & autres Officiers.

Tous les Parlemens sont de pareille dignité, & sont en parité de droit : Ils ont tous esté créez à l'instar les uns des autres.

Et bien que quelques-uns soient déservis par Semestre, & les autres par des Officiers ordinaires ; Neantmoins on n'a jamais entendu dire que le Parlement de Pau (parce qu'il est Ordinaire) aye disputé le Rang à Bretagne, qui est Semestre, ny que le Conseller de Pau se soit crû de plus grande dignité que celuy de Bretagne.

La maniere du service ne fait point de disparité de droit.

Dans la Maison de Vostre Majesté, où ses Officiers servent par quartier, par Semestre, par année, & quelque-fois où ils ne servent que de quatre années l'une, Il n'a jamais esté dit ni pensé que ses Officiers ne soient pas en parité de Droit, & qu'ils ne soient tous Ordinaires, & toûjours Officiers.

Il y a mesme des Officiers Ordinaires qui ne sont creez que pour servir en l'absence de ceux qui ne se trouvent pas à la Cour ; Et les Officiers ordinaires cedent leur Rang à ceux qui sont en quartier, ou roulent ensemble.

La qualité de Semestre ou d'Ordinairé, ne changent, ne donnent, ny n'ôtent pas la parité de Droit.

Le Parlement de Paris n'a pas esté de moindre dignité, lors qu'il servoit sous Henry II. par Semestre, ny le Parlement de Roüen, quand il fut reduit à servir par Semestre, qu'ils le sont à present ; Ils ont toûjours esté en parité de droit.

Et si la Compagnie ne change pas de dignité par la difference du service, l'Officier ne change point aussi.

Le Conseiller d'Estat qui servoit toute l'année avant la reformation de 657. n'a pas perdu ny son Rang, ny la parité de droit qu'il avoit avec les autres Conseillers dEstat : puisque le mesme Reglement porte que chacun gardera son Rang. La parité de droit n'a pas esté ôtée par le Reglement de 628. Au contraire, elle a esté confirmée, en disant expressément, que celuy qui sera Ordinaire, ne pourra prétendre aucune préseance sur les autres Conseillers d'Estat, en qualité d'Ordinaire ; Et le Reglement de 70. l'a executé si positivement, que le Sieur Poncet Ordinaire, y est placé par Sa Majesté aprés le Sieur de Villayer. Et aprés le Reglement de 70. celuy de 73. l'a encore repeté, & n'a excepté que les Grands du Royaume de cette parité de droit : L'Ordinaire n'est pas compris dans l'exception, & est demeuré dans la parité avec ses Confreres.

Aussi quand les Ordonnances portent que le premier receu sera le premier, elles ne disent pas que l'Ordinaire sera le premier : au contraire, elles veulent que s'il n'est pas le premier receu, qu'il soit le dernie.

Quand une autre Loy dit que le plus jeune cedera la chaise à son Ancien, elle n'a pas voulu dire que si l'Ordinaire estoit le dernier en reception, il ne la luy cederoit pas.

Quand le Reglement de 73. dit que tous les Conseillers d'Estat n'auront rang que du jour qu'ils seront appellez au Conseil, elle n'a pas voulu dire aussi que le Sieur Poncet auroit rang au Conseil avant que d'y estre appellé.

Cette disparité que le Sieur Poncet veut établir entre l'Ordinaire & le Semestre, n'est qu'une subtilité : puisque par tous les Reglemens de Vostre Majesté, ils sont en parité de droit pour le rang qu'ils ont toute leur vie inviolablement gardé entre eux.

Il n'eſt pas plus neceſſaire que l'Ordinaire ſoit au Conſeil , que le Semeſtre, dont il y a parité de Droit. Monſieur le Chancelier n'a beſoin ny de l'un , ny de l'autre pour tenir le Conſeil.

Ainſi voila le titre & la poſſeſſion bien certaines pour le Semeſtre, quand il eſt le plus Ancien.

Et ſi le titre & la poſſeſſion ſont les deux ſources où ſe püiſent le Droit d'un chacun dans tous les Etats de la vie civile; Si ce ſont les deux pôles ſur leſquels s'appuye la Juſtice: Comment le Sieur Poncet veut-il ſapper ſes fondemens, & tout renverſer par de petits équivoques , dont il ne devroit pas déguiſer ce qui eſt le plus connû dans le monde.

La parité de Droit, eſt, & a toûjours eſté entre l'Ordinaire & le Semeſtre pour le rang, & il s'agit icy uniquement d'un Rang , & d'une Préſeance.

La difference du ſervice ne fait point de diſparité dans la dignité; ou il arri-arriveroit ce qui eſt tout à fait contre le bon ſens , que le meſme Officier qui n'a eu que la meſme Charge , changeroit autant de fois de dignité , qu'il changeroit de rang.

Il ne manque plus au Sieur Poncet, qu'à dire que celuy qui rapporte plus de Procez, que celuy qui entre le plus ſouvent au Palais , eſt d'une dignité differente , & doit eſtre plûtoſt Doyen que ſon Confrere , & qu'il n'y a plus de parité de Droit.

En verité, pour un grand Homme comme le Sieur Poncet , ſes Objections ſont miſerables: L'Officier qui eſt interdit pour un crime, ne perd pas ſon rang ; & ſi le Doyenné luy arrive pendant ſon interdiction, on ne le luy diſpute pas: Et le Sieur Poncet veut que l'Officier qui ſert bien , & qui ne ceſſe ſon ſervice que pour le recommencer, perde ſon rang, & ne puiſſe eſtre Doyen , & qu'il ne ſoit plus en parité de Droit!

Cela bleſſe tellement le raiſonnement de tout le monde , qu'il vaut mieux n'y répondre pas, que de s'y arrêter.

Il y a donc parité de Droit pour acquerir le premier rang entre le Conſeiller d'Eſtat ordinaire , & Semeſtre.

De dire par le Sieur Poncet que cette diſparité de Droit n'a lieu qu'entre les deux Anciens, c'eſt une pretention qu'à peine l'imagination peut concevoir; Car comment la parité de Droit durera-t'elle entre l'Ordinaire & le Semeſtre tout le temps de leur vie , & pourquoy ceſſera-t'elle en ce dernier periode? Par quelle raiſon celuy qui m'a cedé en toutes les places du Conſeil, me precedera t'il en la premiere qui precede toutes les autres? Qu'eſt-il arrivé de nouveau depuis vingt-quatre heures, pour produire ce changement?

Si la diſparité de l'Ordre de l'Archevêque qui cede a l'Evêque au Conſeil , du Prélat au Prêtre de ſon Dioceſe, ne fait point ceſſer la parité de Droit qui eſt entr'eux, pour devenir Doyen du Conſeil; Comment le Sieur Poncet oſe-t'il avancer que la maniere du ſervice du Semeſtre & de l'Ordinaire , fait qu'il n'y a plus de parité de Droit entr'eux, & que le Semeſtre par cette diſparité imaginaire devient incapable d'eſtre l'Ancien ou le Doyen, qui ne ſont & n'ont jamais eſté au Conſeil qu'une meſme choſe?

Exemples.

Si le Sieur Poncet demandoit s'il y a des exemples que le Conseiller d'Estat Semestre aye esté Doyen.

ON luy diroit qu'il demanderoit ce qui ne s'est jamais demandé.

Celuy qui est dans le droit commun, qui se renferme dans le droit naturel, & qui ne veut rien de nouveau, n'est jamais obligé de rapporter des exemples.

Mais celuy qui veut estre excepté de la regle generale est obligé de prouver le droit singulier dans lequel il veut estre maintenu.

Celuy qui est en possession de la preseance sur un autre, se deffend legitimement en disant seulement qu'il possede, parce qu'il possede.

Mais s'est à celuy qui a une pretention destituée de toute raison & d'apparance, & dont la seule proposition choque les sens de tout le monde, que l'on demande avec justice s'il a quelque exemple dont il puisse au deffaut de raisons appuyer & soûtenir ce qu'il pretend.

Par ces maximes qui sont certaines, c'est au Sieur Poncet qui demande contre tout ordre de passer de la troisiéme place à la premiere ; Qui veut contre la Loy qui porte que le premier reçeu sera le premier, estre le premier quand il n'est que le second ; Qui se veut attribuer le nom de Doyen qui n'a jamais esté donné au Conseil qu'à celuy qui est le plus Ancien, de rapporter des exemples que l'on aye empesché le Conseiller d'Estat Semestre, quoy que le plus Ancien, d'estre Doyen.

Depuis plus de douze cens ans que dure la Monarchie, il n'y a eu que le Reglement de Compiégne qui aye donné la preseance aux Ordinaires : Mais comme ce Reglement fut aboly aussi-tost qu'il fut fait, & que par le Reglement de 628. il fut résolu que la qualité d'Ordinaire ne donneroit aucun rang, & que cinquante ans durant cet ordre a esté gardé inviolablement.

Le Sieur Poncet a contre luy toutes les Loix & tous les Reglemens qui ont esté faits. Il a contre luy le Reglement de 657. qui porte que les Ordinaires & les Semestres garderont leur rang ; Celuy de 1670. qui a fait le Tableau de tous les Conseillers d'Estat, & qui a designé au Sieur Poncet son rang apres le Sieur de Villayer ; Il a contre lui le Reglement de 73. qui veut que les Conseillers d'Estat, soit qu'ils soient Prélats, Gens d'épée ou de Judicature, n'ayent rang que du jour qu'ils seront appellez au Conseil, à la reserve des Princes du Sang, Cardinaux & Officiers de la Couronne.

Et ainsi bien loin que le Sieur Poncet rapporte aucune Loy qui dise que l'Ordinaire aura rang devant le Semestre : En voilà quatre qui luy deffendent d'y pretendre.

S'il avoit eu autant de sincerité que le Sieur de Villayer en attendoit de luy, il n'auroit pas tronqué tous ces Reglemens & retranché les clauses entieres qui le condamnent.

Comme le Sieur Poncet ne peut contredire des Loix si justes & si bien reçeuës, ny l'Usage du Conseil & de toutes les Compagnies, il demande des exemples que le Semestre ait esté Doyen : Mais il a esté montré cy-dessus que celui qui a pour lui toutes les Loix, qui est en possession de la préseance, & qui def-

fend

fend sa place & sa possession n'y est pas obligé dans les regles ; Neantmoins par sur-abondance de droit, on en rapportera une infinité.

Le Sieur de Villayer a fait voir qu'autrefois les Conseillers d'Estat estoient distribuez en trois Classes qui servoient par quatre mois. Dans tous ces temps-là on ne peut pas douter qu'il n'y eust un plus Ancien que l'on appelle aujourd'huy Doyen : Car il est impossible qu'il n'y aye toûjours un premier & un dernier reçeu ; Ainsi autant de fois que le premier à manqué, le second est devenu le premier. Et cela fournit au Sieur Poncet une infinité d'exemples, au lieu d'une qu'il demande, que des Conseillers d'Estat qui ne servoient pas toute l'année ont esté Doyens.

Et il ne lui sert de rien de dire que lors il n'y avoit point de Conseillers d'Estat qui servissent toute l'année ; car cela ne laisse pas de montrer qu'il n'est pas necessaire de servir toute l'année pour estre Doyen, & que si on a pû estre l'Ancien en ne servant que quatre mois, on le peut estre lors que l'on en sert d'avantage.

Et si le Sieur Poncet veut que celui qui a la Loi expresse pour lui ; & quand le droit commun est constant, qui donne la primauté par la datte de la reception, rapporte encores des exemples, le Sieur de Villayer peut le faire facilement & lui en donner la satisfaction, y ayant des exemples sans nombre, puis que autant de fois que le Sieur Poncet est venu travailler chez le Sieur de Villayer & qu'il a souffert d'en estre precedé & presidé, & qu'il lui aye demandé son avis & signé auparavant lui tous les Arrests qui se sont presentez.

Autant de fois que les Ordinaires ont esté chez le Sieur de Seve pendant qu'il estoit Semestre, & chez le Sieur de Mesgrigny, ce sont autant de condamnations contre le Sieur Poncet.

Autant de fois que les Semestres ont presidé des Ordinaires dans des Commissions, ce sont autant d'exemples.

Autant de fois que le Sieur de Seve lors qu'il estoit Semestre & le Sieur de Mesgrigny & de Villayer ont pris au Conseil la place de Doyen en presence des Ordinaires, ce sont autant d'acquiescement & de reconnoissances publiques qu'ils ont fait que le Semestre estoit leur Doyen & le pouvoit estre.

De mesme que le Doyen du second est le premier, le Doyen du troisiéme est le second, & ainsi de toutes les autres Places, de sorte qu'il est vrai de dire que le Sieur de Villayer a esté toute sa vie le Doyen du Sieur Poncet.

Quant on dit que les Compagnies ne sont jamais sans Doyen, on condamne la pretention du Sieur Poncet, parce que tous les Officiers se suivent & qu'ils succedent en la place les uns des autres de plain droit, du moment que celui qui estoit le premier a manqué ; le second l'est devenu.

Puis que l'ancien & le Doyen, ce sont des termes synonymes, il s'ensuit necessairement que celui qui est le plus Ancien est le Doyen, & que celui qui n'est pas l'Ancien n'est pas le Doyen.

Voila ce semble tant de bon droit de reste pour le Sieur de Villayer, que si le Sieur Poncet n'avoit point de honte de se desister, il le feroit asseurement.

Aprés avoir fourni tant d'exemples sans y estre obligé, on pourroit demander justement au Sieur Poncet qui veut se faire sans titre un droit nouveau, & qui veut de son authorité particuliere s'ériger une dignité que V. M. n'a pas voulu qui fust au Conseil, où il n'y a que celle de Monsieur le Chancellier, qui est ce grand Magistrat du Royaume qui n'a point de Collegue ny de Pair, qui est le Chef seul de toute la Justice, le seul President du Conseil, dont sa Majesté luy a donné toute la direction : S'il y a quelque exemple de sa pretention, & s'il a seulement entendu dire que l'on déplace son Ancien, que l'on passe par dessus luy, & que l'on puisse estre Doyen au Conseil sans estre l'Ancien : & s'il y a quelque Jugement qui aye donné l'exclusion au Semestre quand il seroit le plus Ancien de tous les Conseillers d'Estat, & en reception & en service & en possession, de passer de la seconde place à la premiere : s'il a veu quelque chaise affectée à l'Ordinaire & qui soit interdite au Semestre.

On pourroit demander au Sieur Poncet qui sçait tant de choses, s'il a quelque exemple qu'il y aye des rangs ni des chaises destinées privativement aux gens d'Eglise, d'Epée ou de la Robe, aux Ordinaires & aux Semestres : Et c'est ce qui n'a jamais esté, personne ne s'estant trouvé si ambitieux ni si persuadé de son credit que le Sieur Poncet.

Pour montrer que la deffence d'entrer hors son Semestre ne peut pas empescher que l'on ne soit Doyen.

DAns le Reglement du Conseil fait en 1673. il y a deux articles qui se suivent & qui sont transcrits mot à mot l'un sur l'autre.

L'article 16. porte que, *les Conseillers d'Estat Semestres n'auront entrée au Conseil hors de leur Semestre, s'ils ne sont mandez par Monsieur le Chancelier.*

Et l'article 17. porte que, *les Maistres des Requestes n'auront entrée au Conseil hors de leurs quartiers, s'ils ne sont mandez par Monsieur le Chancelier.*

Il est sans doute que ces deux articles ont esté faits pour prescrire & aux uns & aux autres l'ordre de leur entrée, & non pas l'ordre de leur rang, & qu'ils ne peuvent avoir d'autre motif ni d'autre consequence que la police du Conseil & l'expedition des affaires.

Il est certain aussi qu'ils ne peuvent avoir d'autre signification que suivant leurs termes précis.

Il n'est jamais permis de rien changer ny ajoûter à la Loy, & particulierement à celle qui va à corriger le droit commun.

La Loy qui va à restraindre la faculté ordinaire ne souffre point d'extension.

Le droit commun & l'usage estoit que tous les Officiers qui servent par Semestre, comme les Officiers du Grand Conseil, les Maistres des Requestes, &c. entroient dans le Semestre & dans le quartier où ils ne servent pas d'ordinaire quand bon leur sembloit.

Le Roy a fait une Loy qui restraint cette faculté, tant que Monsieur le Chancelier le trouvera à propos.

C'est une Loy de Police qui dépend du Maistre comme toute autre chose.

Le Roy considerant que le Conseil estoit chargé de toutes les affaires du Royaume, & que si cent personnes opinoient en une mesme affaire, cela consommeroit tout le temps, & qu'il ne se feroit presque point d'expedition où il y en devoit avoir davantage, à cause des grands frais qu'il convient faire à la suite du Conseil.

Sa Majesté resolut ces deux articles, & l'on ne peut pas douter que ce ne soit le veritable sujet de cette regle.

Donc cette Loy est de droit estroit & ne reçoit jamais d'extention, c'est assez qu'elle produise l'effet qu'elle s'est proposé.

On la doit entendre sans l'étendre *au delà du cas qu'elle exprime : on ne doit point tirer de consequence de ce qu'elle a dit, à ce qu'elle n'a pas dit, & l'on doit estre persuadé qu'elle n'a pas voulu ce qu'elle a obmis.*

Sur ces fondemens qui sont des maximes certaines, on ne peut pas adjoûter au Reglement qui a dit que le Conseiller d'Estat Semestre ni le Maistre des Requestes, n'entreront pas hors de leur Semestre, ni hors leur quartier. Et faire dire à la Loy ce qu'elle n'a dit ni voulu dire qu'ils ne pourroient estre Doyens dans leur Compagnie.

Cette extention est contre les regles, & contre l intention des termes de la Loy.

Son esprit a esté de faciliter l'expedition ; mais jamais Sa Majesté n'a eu la pensée ni la volonté d'empescher contre le droit commun que celui qui seroit le plus Ancien ne fust pas le Doyen, & que celui qui auroit esté cinquante ans devant un autre, fust mis aprés lui : *Sa Majesté n'a jamais voulu mettre le cadet devant l'aisné, ny renverser l'ordre de la nature, & ce que la Providence de Dieu & l'usage de toutes les Compagnies & du Conseil avoient estably.*

Ces mots, *n'entreront point*, veulent-ils dire ne seront pas les Doyens: Ne joüiront pas de leur rang : Et qu'ils seront privez du droit d'ainesse ? Jamais autre que Monsieur Poncet ne se l'imaginera,

Monsieur Poncet impose de son authorité une peine où la Loy n'en a point mis, & où il n'y a point eu de faute.

Car le Conseiller d'Estat Semestre qui ne sert que six mois, fait aussi bien son devoir que l'Ordinaire qui en sert douze, puisqu'il satisfait au commandement qu'il a receu de Vostre Majesté, qui n'a pas voulu priver sans doute de l'honneur & du droit du Doyenné, celuy qui n'avoit manqué à rien, & qui mesme n'avoit peu faire autrement que d'obeïr aux ordres de Vostre Majesté.

Comment veut-on persuader que ceux qui servent par Semestre & par Quartier, & qui ne servent pas toûjours, sont indignes, ou incapables, ou inhabiles d'estre Doyens ?

Les Maistres des Requestes qui ne servent que par quartier deviennent Doyens de leurs Compagnies : Les Conseilliers des Companies qui servent par Semestre deviennent Doyens ; Les Conseillers d'Estat qui ne servoient que quatre mois sous le Regne de huit ou dix Roys, sont devenus Doyens.

Pourquoy le Conseiller d'Estat qui sert par Semestre, ne le sera t'il pas ?

La regle des Conseillers d'Estat Semestre sera-t'elle differente de celle des Maîtres des Requestes? Ces deux articles qui se suivent, qui ont esté faits à mesme-temps & pour mesme sujet ; Qui disent la mesme chose : Monsieur Poncet leur fera-t'il dire tout le contraire de leur sens?

L'article 16. en disant que les Conseillers d'Estat Semestres n'entreront hors leur Semestre, n'a dit ni voulu dire qu'ils ne seroient pas Doyens; Ou il a dit aussi qu'ils ne seroient pas Soubs-Doyens, ni les troisiémes ni les quatriémes.

Cét article n'a pas voulu dire sans doute qu'ils perdroient leur droit d'ancienneté ; qu'ils seroient exclus & privez de l'utilité & de l honneur de leurs Charges, & qu'ils seroient punis d'avoir fait leur devoir.

Cette interpretation injuste que Monsieur Poncet veut donner à la Loy que Vôtre Majesté a faite pour une cause juste, seroit tout à fait contraire à l'intention de Vostre Majesté.

On peut mesme remarquer que la raison dont se sert Monsieur Poncet prouve le contraire, de ce qu'il veut induire.

Car si parce que les Conseillers d'Estat Semestres n'entrent point hors leur Semestre, ils ne sont pas Doyens hors leur Semestre, il s'ensuit parce qu'ils entrent dans leur Semestre ils sont Doyens, & que comme ils sont Conseillers d'Estat toute l'année, quoy qu'ils ne servent pas toute l'année, ils seront Doyens du Conseil toute l'année, quoy qu'il n'en fassent pas la fonction toute l'année. *Celuy qui est le second, l'est toute l'année ; donc celuy qui sera le premier le sera toute l'année.*

Ceux qui ſont interdits de l'entrée du Conſeil pour quelques faute, ne perdent pas le droit de parvenir au Doyenné, & Monſieur Poncet voudroit que ceux qui n'ont commis aucune faute en fuſſent privez. Cette pretention eſt ſi déraiſonnable, qu'elle ne tomberoit pas ſans doute dans ſon eſprit, ſi ſon intereſt ne luy faiſoit faire de faux raiſonnemens.

La juſtice & la raiſon ne permettent pas que l'on prive celuy qui fait ſon devoir du droit le plus utile & le plus honorable qui luy eſt déferé par le droit naturel, par le droit commun, & par l'ordre general.

Quand un Conſeiller d'Eſtat Semeſtre ſert, & quand il ne ſert pas, il conſerve tous les droits qui luy ſont acquis par la date de ſa reception.

Cela fait bien voir que ces mots, *n'entreront hors leurs Semeſtres*, ne veulent pas dire, ne pourront eſtre Doyens, & ne pourront eſtre les plus Anciens : Cela ne veut pas dire, ne pourront joüir de leur droit de Committimus, ny des autres avantages de la Charge.

Celuy qui eſt une fois Doyen ou l'Ancien, l'eſt toûjours, quoy qu'il n'entre pas toûjours.

Quoy qu'un Conſeiller d'Eſtat Semeſtre ne puiſſe entrer hors ſon Semeſtre, il ne laiſſe pas d'eſtre du corps du Conſeil, & par conſequent il en peut devenir l'Ancien & le Doyen.

Ce qui n'a eſté fait que pour la police particuliere du Conſeil, ne peut renverſer l'ordre general du Conſeil & du Royaume.

Celuy qui eſt une fois le ſecond, eſt le Sous-Doyen, & le ſera toûjours juſques à ce qu'il devienne Doyen ; Car on ne retrograde point au Conſeil.

On peut encore faire une remarque dans les termes de l'articles 16. qui ne dit pas abſolument que *les Conſeillers d'Eſtat ne pourront entrer hors le Semeſtre*, mais il ajoûte, *s'ils ne ſont mandez par Monſieur le Chancelier.*

Ce qui fait bien voir qu'il *n'y a nulle incapacité en leur Perſonne ny en leur Charge ; car ſi cela eſtoit, Monſieur le Chancelier ne leur donneroit pas la capacité pour une heure, & n'effaceroit pas ce deffaut pour une heure.*

Tout fait voir que cet article n'a eſté mis que pour la police du Conſeil, dont Monſieur le Chancelier eſt le Maiſtre abſolu.

C'eſt pour cela que les Conſeillers d'Eſtat Semeſtres entrent par permiſſion de Monſieur le Chancelier, tant hors leur Semeſtre que dans leur Semeſtre, parce qu'il connoiſt qu'il n'en arrive aucun inconvenient.

Puis qu'ils viennent au Conſeil, ils ne ſont pas interdis, ou l'interdiction ſeroit levée & remiſe perpetuellement ; ce qui eſt ſans raiſon.

Mais à paſſer plus avant, ſi l'article 16. portoit *que les Conſeillers d'Eſtat Semeſtres ne ſeroient pas Doyens hors leur Semeſtre, il eſt ſans doute qu'ils ſeroient Doyens dans leur Semeſtre : Parce qu'en leur oſtant le Doyenné hors leur ſervice, il le leur laiſſeroit dans le temps de leur employ. Mais quoy que la Loy ne les prive du Doyenné en nul cas ; Monſieur Poncet le leur veut oſter en tout temps. Que peut-on entreprendre de plus déraiſonnable ?*

Addition.

Addition.

La deffense d'entrer hors son Semestre n'est pas une Deffence d'entrer dans son Semestre.

SI la Loy disoit que l'on ne seroit pas Doyen hors son Semestre, elle diroit sans doute à mesme-temps que l'on pourroit l'estre dans son Semestre.

La deffense d'entrer pendant un temps, suppose que l'on avoit le droit d'entrer toûjours, & que cette deffense n'est qu'une exception qui ne s'estend jamais, ce n'est qu'une suspension pour un temps de la faculté & du droit qui reste tout entier dans les autres temps.

On n'a pas suspendu ny osté la qualité ny la dignité du Conseiller d'Estat, mais la fonction & l'exercice est suspendu simplement pour un temps.

D'une suspension d'entrer pendant un temps, Monsieur Poncet en veut faire une dégradation perpetuelle, & une privation entiere.

Une suspension, une deffense ne passe pas le cas ny le temps pour lequel elle a esté prononcée: Deffense d'entrer n'est pas deffense d'estre Doyen, ny de conserver son rang.

Si ce temps continuë pour m'acquerir un rang, il continuë pour m'acquerir le premier.

La deffense d'entrer hors mon Semestre ne m'a pas empesché de vous preceder dans toutes les places du Conseil; donc elle ne m'oste pas le droit de vous preceder dans le premier rang comme dans le second.

La deffense d'entrer hors son Semestre, est si purement un ordre de police qu'il n'empesche pas que l'on ne devienne honoraire, & que l'on ne garde son rang par tout.

Si pendant le temps du service d'un Semestre, la place du Doyen venoit a vacquer, Monsieur Poncet diroit-il que le Semestre ne pourroit pas estre Doyen, parce qu'il ne pourra pas entrer aprés les six mois?

Le Semestre n'auroit-il pas raison de repliquer que l'on ne peut pas donner l'exclusion à cause qu'aprés son Semestre il ne pourra entrer, à ce que lon dit? car ce seroit deviner ce qui peut-estre ne seroit pas. Et il pourroit arriver qu'avant la fin de son Semestre, le Roy le feroit Ordinaire, ou luy permettroit d'entrer toûjours comme il a fait aux Maistres des Requestes.

Ce seroit lui donner une exclusion certaine pour une cause incertaine & une exclusion presente, par une raison qui est dans l'avenir, & qui peut-estre n'auroit jamais lieu. Ce qui n'est pas produit, a-t'il un effet avant que d'estre?

Puisque ce n'est que le deffaut d'entrer qui l'empeschoit d'estre Doyen dans le temps qu'il a le droit d'entrer, il ne peut pas en estre empesché.

S'il est incapable d'estre Doyen parce qu'il ne peut entrer, il n'est pas incapable d'estre Doyen lors qu'il entre en effet. Ou l'incapacité viendroit & parce qu'il entre, & parce qu'il n'entre pas, ce qui se contredit manifestement.

Mais qu'elle apparence que la deffence d'entrer hors son Semestre, qui n'a esté qu'une prevoyance de police, que par la suite on a veu qui n'estoit pas necessaire, parce que l'on ne l'observe point: Eust plus de force qu'une deffense & une interdiction prononcée pour punition de quelque grande fraude?

N'auroit-il pas raison de dire qu'il le faut laisser Doyen jusques à ce que le deffaut de pouvoir entrer soit arrivé?

Et s'il meurt avant la fin de son service, pourquoy n'aura t'il cét honneur six mois durant? Combien de gens ont-ils moins gardé le Doyenné?

Mais on pourroit dire justement que l'article 16. qui deffend d'entrer hors son Semestre, ne comprend pas le Doyen de tout le Conseil.

Car si le Doyen des Maistres des Requestes devient Conseiller d'Estat Ordinaire; Comment peut on croire que le Doyen de tout le Conseil n'ait pas droit d'entrer toute l'année?

Les Doyens des quartiers des Maistres des Requestes au lieu de la deffence d'entrer hors leur quartier, ont la faculté de servir trois mois aprés leur quartier comme Conseillers d'Estat au Conseil, & mesme avec plus grande dignité; Et s'ils ne sont pas compris dans cette deffense de Police, comment le Doyen & le plus Ancien de tout le Conseil y seroit-il assujety?

Mais il n'y a pas d'apparence que la deffense d'entrer, faite au Conseillers d'Estat hors leur Semestre subsiste, puisque la mesme deffense que Vostre Majesté avoit faite aux Maistres des Requestes qui sont en si grand nombre, a esté abrogée, outre qu'elle ne s'observe point par la permission de Monsieur le Chancelier, qui voyant qu'il n'en arrive aucun inconvenient, trouve bon que les Conseillers d'Estat qui sont hors de Semestre entrent librement.

Ni que l'on pretende que cette défense ne subsiste qu'à l'égard du plus Ancien de tous les Conseillers d'Estat, pour prendre pretexte de lui faire une difficulté injurieuse d'estre Doyen du Conseil.

Mrs d'Aligre & de Lezeau.
Chaise vuide.
Bureau.
Te Deum.

Pour répondre à ce que Monsieur Poncet pourroit dire; Que Monsieur d'Aligre, quoy qu'il ne fust pas le plus Ancien, à disputé & obtenu le Doyenné par dessus le Sieur de Lezeau.

LE Sieur Villayer est obligé de faire voir à VOSTRE MAJESTE', pour empescher la surprise que veut faire Monsieur Poncet; La difference notable de la contestation de Monsiuer d'Aligre & de Monsiuer de Lezeau, d'avec celle qui se presente.

Ce qui donnoit lieu à la question qui estoit entr'eux, venoit de ce que d'un costé Monsieur de Lezeau estoit l'Ancien par Brevet & de l'autre que Monsieur d'Aligre estoit l'Ancien dans le service, & avoit encore par dessus le Sieur de Lezeau, la possession de la presceance, d'autant que Monsieur de Lezeau luy avoit cedé le rang & souffert volontairement d'en estre precedé & presidé dans des Commissions où le Sieur de Lezeau estoit allé travailler chez le Sieur d'Aligre.

Il est vray que V. M. jugea que Monsieur d'Aligre devoit estre le Doyen, qu'étant en possession du premier rang, il n'estoit pas justede luy oster, puisque c'estoit Monsieur de Lezeau mesme, qui luy avoit donné cette place au dessus de luy pendant quinze ans.

Et que d'ailleurs il estoit des regles les plus communes que l'on pouvoit renoncer à son droit & à son rang, dont il y avoit de si grands exemples en toutes conditions; qu'il n'estoit pas nouveau que l'on pouvoit quitter sa primogeniture; & qu'ainsi quoy que Monsieur de Lezeau dit qu'il n'avoit pas cedé au Sieur d'Aligre le rang de Doyen; Neantmoins parce qu'il avoit quitté la place qui avoit trait au Doyenné, V. M. décida en faveur du Sieur d'Aligre, & ce Jugement est suivant toutes les regles, qui veulent que la possession décide & soit la Loy souveraine des preséances.

Vostre Majesté void par l'explication veritable de la question qui estoit entre ces Messieurs, qu'il n'y a rien de semblable en celle qui se presente, & qu'au contraire le Sieur de Villayer a reüny en sa personne toutes les raisons que le Sieur de Lezeau avoit contre le Sieur d'Aligre, & toutes celles que le Sieur d'Aligre avoit contre le Sieur de Lezeau.

Parce que le Sieur de Villayer est l'Ancien du Sieur Poncet par son Brevet & par ses Lettres, comme Monsieur de Lezeau l'estoit de Monsieur d'Aligre, & qu'il est l'Ancien en service de prés de douze années avant Monsieur Poncet, qu'il avoit veu rapporter comme Maistre des Requestes, pendant qu'il avoit l'honneur d'estre assis & couvert en vostre Conseil; Et outre ces avantages il a encore celuy d'estre en possession de la preséance qui luy appartient sur Monsieur Poncet, & qui luy a toûjours appartenu.

De sorte que bien loin que Monsieur Poncet pust tirer aucun avantage du Jugement rendu en faveur du Sieur d'Aligre, qu'au contraire ce mesme Jugement condamne la pretention de Monsieur Poncet.

Et ce qui est d'autant plus remarquable, c'est que cét Arrest a esté rendu au rapport mesme de Monsieur Poncet, qui demande à V. M. tout le contraire de ce que luy-mesme à jugé.

Monsieur Poncet a depuis demandé que l'on laissast la chaise de Doyen vuide, parce que il y auroit un jour pretention: Et bien que cette demande fust fort extraordinaire, parce qu'elle estoit contre l'ordre du Royaume, où il n'y a point de Compagnie dans laquelle on ayt jamais laissé de place vuide, à l'exception seule de celle de V. M. qui ne se remplit jamais par personne, à cause du respect profond qui est dû à sa dignité Royale.

Et aussi qu'il n'appartient à qui que ce soit de pretendre une place prohibitive lorsqu'il n'y est pas, ny mesme à ceux qui ont droit de les occuper quand il y sont.

En effet, si quelqu'un de telle qualité qu'il fust, President, Doyen ou autre estoit assez hardy de demander, que quand il ne vient pas dans la Compagnie que personne ne peut r'emplir sa place, sans doute on traiteroit cette demande de presumption ou de foiblesse incroiable.

Neanmoins on a fait laisser la chaise du Doyen vuide en son absence.

Aprés que Monsieur Poncet eut obtenu une chose si extraordinaire, il demanda à Monsieur d'Aligre de faire des Bureaux particuliers de Conseillers d'Estat, où Messieurs les Maistres des Requestes allassent communiquer des affaires qu'ils avoient à rapporter, & qu'il luy plust de ne pas mettre le siege d'aucun Bureau chez un Conseiller d'Estat servant par Semestre, ce qu'il obtint encor aisément; Et comme cela dépend de la plume de Monsieur le Chancelier, aussi-bien que les autres distributions, quelque prejudice qu'en pussent recevoir vos Conseillers d'Estat Semestres, ils se sont bien donné de garde de s'en plaindre.

Cependant Monsieur Poncet s'en veut faire aujourd'huy un droit comme s'il estoit veritablement devenu President du Conseil en titre, & que cette distribution eût osté le rang à tous les Conseillers d'Estat Semestres, contre tous les Reglemens de Vostre Majesté.

Il a creu que cela feroit oublier, que du temps de Monsieur le Chancelier Seguier, le Sieur de Villayer avoit si souvent esté commis pour ces mesmes Communications, qu'il n'y a pas un Conseiller d'Estat Ordinaire de ce temps-là qui ne soit venu travailler chez luy comme chez son Ancien, & Monsieur Poncet luy-mesme n'a jamais fait de difficulté de s'y trouver, & de souffrir d'y estre precedé & presidé par le Sieur de Villayer son Ancien, qui luy a cent fois demandé son avis, & signé auparavant luy toutes les expeditions qui se sont presentées.

Pendant le temps-mesme de Monsieur d'Aligre il luy est arrivé d'ordonner que l'on communiqueroit chez le Sieur de Villayer, de quelques affaires, & Monsieur Pussort est venu chez luy assister au rapport d'une affaire que Mademoiselle d'Orleans avoit pour son Parlement de Dombes.

Et ce qui est plus notable V. M. allant à la guerre, & ne pouvant juger avant son depart la contestation importante qui estoit entre Madame de Verneüil & les Creanciers de Monsieur de Seüilly, ordonna à Monsieur Pussort qui en estoit Rapporteur, d'en communiquer chez le Sieur de Villayer, ce qu'il fit pendant six seances; Monsieur de Marillac & Monsieur Pussort, peuvent asseurer V. M. de cette verité.

On en rapporteroit s'il en estoit besoin, beaucoup d'autres exemples.

Depuis la mort de Monsieur d'Aligre, Monsieur le Chancelier d'aujourd'huy a dondé un Bureau à Monsieur de Megrigny, Conseiller d'Estat Semestre.

Aprés cela, comment Monsieur Poncet veut-il tirer quelques avantages de ces Bureaux pour se faire Doyen, ni pour devenir le plus Ancien & changer de rang.

A-t'on jamais oüy dire que pour avoir davantage de distributions de Procez on en devienne plûtost Doyen?

Cela seroit si mal imaginé qu'il ne merite aucune réponse.

J'ajoûteray par la permission de V. M. que Monsieur Poncet du temps de Monsieur d'Aligre avoit encor voulu entreprendre de faire fermer la porte de Nostre-Dame aux Conseillers d'Estat Semestres, & d'empêcher qu'ils n'assistassent aux actions de graces qui s'y rendoient pour les Victoires signalées que V. M. a si souvent remportées sur ses Ennemis; comme si lorsque tout le monde y estoit appellé & bien venu, vos Conseillers d'Estat qui servoient par Semestre en eussent esté indignes.

Voila SIRE, une partie des entreprises de Monsieur Poncet, que peut-estre V. M. n'avoit pas sçeuë, & qui ne sont mesmes icy rapportées que pour faire voir jusques où Monsieur Poncet a esté capable de porter son ambition, & qui pour comble pretend aujourd'huy que tous vos Conseillres d'Estat qui servent par Semestre sont incapables de devenir les plus Anciens de vostre Conseil, & détruire par ce moyen tous les Reglemens que Vostre Majesté & les Rois ses predecesseurs ont faits avec tant de sagesse & tant de justice.

Mr de Chaumont.

Réponses à l'objection que l'on tire de ce que Monsieur de Chaumont, dit-on, a cedé à Monsieur de Machault la place de Doyen.

POUR sçavoir si cela est ou si cela n'est pas: Ce seroit à Monsieur Poncet qui avance ce fait, & cette proposition, d'en rapporter la preuve, ce qu'il ne fait point.

Et

Et quand cela seroit, il faudroit sçavoir si Monsieur de Chaumont a abandonné son droit volontairement, ou s'il a esté condamné par quelque Jugement contradictoire : Et enfin, il faudroit sçavoir surquoy cette question auroit esté jugée, & tout cela seroit necessaire pour que Monsieur Poncet peust tirer quelque induction à son avantage de cette comparaison.

Ces sortes d'arguments sont toûjours presque inutiles : Car à moins que l'on ne voye précisement que c'est la mesme chose, la mesme contestation, & la mesme hypotheze, ils ne prouvent rien du tout.

Si Monsieur de Chaumont a quitté son droit volontairement : Cela ne peut estre tiré à aucune mauvaise consequence qu'un autre le doive quitter.

Si c'est un Jugement contradictoire qui l'aye condamné, il faut voir positivement l'estat de la question, & si nous sommes aux mesmes termes.

Or il est certain que non, & que cela ne peut estre : Car Monsieur de Chaumont n'estoit point Semestre ; au contraire, il estoit Ordinaire dés 1644. & l'on ne peut pas douter qu'il ne le fût par le Reglement de 657. dans lequel il est nommément compris entre les douze Ordinaires ; Et ainsi, ce seroit une méchante consequence de dire, Monsieur de Chaumont Conseiller d'Estat Ordinaire, a cedé volontairement le rang de Doyen à un autre Ordinaire : Donc le Conseiller d'Estat Semestre ne peut estre Doyen.

Ce seroit aussi une mauvaise induction que de dire, Monsieur de Chaumont qui n'estoit pas de la Robe n'a pû estre Doyen du Conseil, parce que l'on lui disoit qu c'estoit une qualité necessaire qu'il n'avoit pas : Donc le Sieur de Villayer qui est de la Robe ne pourra estre Doyen du Conseil.

On n'a jamais veu argumenter de la sorte.

On peut dire avec certitude que cette objection ne merite aucune réponse : 1°. Puis qu'elle n'est pas prouvée : 2°. Puis que quand la preuve en seroit rapportée, on ne dit pas mesme qu'il ayt esté jugé : 3°. Parce qu'un consentement volontaire ne peut estre tiré à consequence.

Car si le consentement de Monsieur de Chaumont dans le mesme fait ne pouvoit pas nüire à son Successeur qui auroit la mesme Charge, comment pourroit-il faire préjudice à celuy qui n'a pas sa Charge, & qui ne se trouve en aucune maniere dans la mesme contestation ? Pourroit-on par ce que Monsieur de Chaumont, pour quelques raisons particulieres n'a pû estre Doyen du Conseil, tirer cette consequence : Donc le Sieur de Villayer qui n'est pas en la mesme espece, & tous les Conseillers d'Estat qui servent par Semestre, ne pourront estre Doyen ? Ce seroit sans doute se mocquer de la raison & du bon sens.

Le Conseil, dit-on, est Ordinaire ; donc le Doyen doit estre Ordinaire.

Réponse à l'Objection du Sieur Poncet, Que le Conseil estant une Compagnie Ordinaire, le Doyen doit estre Ordinaire.

EST-il possible qu'une équivoque puisse priver le Sieur de Villayer d'un honneur qui luy est acquis par le droit le plus inviolable, qui est celuy de l'Antiquité. Car voicy ce que dit le Sieur Poncet pour appuyer sa pretention.

Le Conseil est une Compagnie Ordinaire , donc le Doyen du Conseil doit estre Ordinaire.

Cette conclusion qui paroist d'abord plausible est un pur sophisme , une pure tromperie ; parce que dans la premiere proposition *estre Ordinaire* , signifie une chose , & dans la seconde , il en signifie une autre ; Et c'est ce double sens de paroles qui trompe.

Le Conseil est une Compagnie Ordinaire , que signifient ces mots , sinon ; *Que le Conseil est une Compagnie qui est toûjours* , qui *subsiste toûjours* , qui *ne cesse point d'estre.*

Donc *le Doyen du Conseil doit estre Ordinaire.* Si ce mot *estre Ordinaire* se prenoit icy dans le mesme sens , ce seroit à dire , donc *le Doyen doit estre toûjours*, doit *subsister toûjours* , doit *ne point cesser d'Estre.* Mais asseurément ce ne peut pas estre là le sens de cette proposition , puis qu'en devenant Doyen du Conseil on ne devient point immortel & impassible. Il faut donc que le mot d'*Estre Ordinaire* signifie icy autre chose , & ce ne peut estre , sinon , que celuy qui est Doyen du Conseil *serve toûjours* , Le mot d'*Estre Ordinaire & servir toûjours* , signifiant la mesme chose en cette rencontre.

Ainsi donc il est manifeste qu'en ces deux propositions *estre Ordinaire* signifie en l'une , *Estre toûjours* , & en l'autre , *servir toûjours* , Or je demande maintenant , Si parce que le Conseil est une Compagnie *qui est toûjours* , il est vray de dire que le Doyen de cette Compagnie *doit servir toûjours* ; Et qu'il ne puisse estre Doyen *s'il ne sert toûjours ?*

Quoy ? cet Officier qui est ordinairement un homme fort agé , n'est-il point sujet à estre malade, à estre absent , & à devenir hors d'Etat de pouvoir vaquer au service ? Et si cela arrive , cessera-t'il d'estre Doyen du Conseil ? point du tout ; donc *il n'est pas necessaire qu'il serve toûjours* , pour estre Doyen du Conseil.

Donc le Sieur Poncet n'a pas raison d'alleguer contre le Sieur de Villayer, de ce qu'il ne sert pas toûjours , parce que milles accidens peuvent empescher aussi le Sieur Poncet de ne servir pas toûjours , & peut-estre mesme de ne servir jamais ; Ce qui n'empescheroit pas qu'il ne fust toûjours Doyen. Donc on ne peut pas faire un autre Loy au Sieur de Villayer , ny empescher qu'il ne soit Doyen , parce qu'il ne serviroit pas toûjours , puis que le Sieur Poncet , s'il estoit Doyen , ne laisseroit pas de l'estre, quand il ne serviroit jamais.

De plus , il y a deux choses à considerer en la personne du Sieur de Villayer.

Primò. Estre le plus ancien du Conseil comme il l'est presentement

Secundò. En prendre le titre & joüir des Prerogatives attachées à cette dignité.

Que le Sieur de Villayer soit le plus ancien du Conseil , cela ne luy peut pas estre contesté par le Sieur Poncet , qui n'est entré dans le service actuel du Conseil que *douze ans* aprés le Sieur de Villayer.

Qu'il en prenne le titre , & qu'il joüisse des prérogatives attachées à cette dignité ; C'est un droit qui luy est contesté sans fondement , & dans lequel il espere d'estre maintenu par la Bonté & par la Iustice du Roy.

Car , par quelle raison estant naturellement l'Ancien , cessera-t'il de l'estre ?

Par quel moyen le Sieur Poncet qui n'est pas naturellement l'Ancien , pourra-t'il le devenir ?

Un Philosophe disoit fort bien , que Dieu mesme ne peut pas faire , que ce qui est, ne soit pas.

Ainsi quoy que puisse faire le Sieur Poncet, il ne sçauroit faire que le Sieur de Vllayer ne soit son Ancien; Il l'a esté, & le sera toûjours; rien ne peut troubler cét ordre de la nature.

La difficulté donc roule sur le titre & la joüissance des prérogatives attachées à la dignité de Doyen du Conseil, que le Roy peut oster au Sieur de Villayer, pour en gratifier le Sieur Poncet, parce que cette disposition est un effet de la toute puissance Royale.

Mais comme cette disposition renverse l'ordre de la nature; Qu'elle prive l'Aisné de son droit d'Aisnesse sans qu'il s'en soit rendu indigne, & qu'elle transporte ce droit au Cadet: Le Sieur de Villayer a une juste esperance, que Sa Majesté ne luy donnera point une mortification si amere dans son extrême vieillesse; Qu'Elle ne le punira point par ce rebut honteux, par cette dégradation difamante, par cette privation de son droit, qui est tout ce qui luy ppurroit arriver, s'il s'estoit attiré cette disgrace par un crime, ou par le malheur de déplaire à Sa Majesté.

Que deviendra le Doyenné.

Si Monsieur Poncet demandoit ce que deviendra le Doyenné du Conseil pendant que le Conseiller d'Estat Semestre n'entrera pas.

RESPONCE.

ON luy pourroit dire que cette question seroit faite sans raison, d'autant que du moment que l'on devient Doyen, on a droit d'entrer toûjours, & de joüir de tous les honneurs de la Compagnie: Et parce que *l'on n'a jamais demandé*; Que deviennent tous les Officiers de la maison de Vostre Majesté quand ils sortent de Quartier, de Semestre, ou de l'année de leur exercice.

On ne s'enquiert pas que deviennent les Presidens & les Conseillers qui servent par Semestre quand leur temps est finy.

On ne demande point que deviennent les Parlemens quand ils sont en vacation.

Que devient le Conseil & les Conseillers d'Estat quand ils n'entrent point: & les Maistres des Requestes quand ils ne sont plus en quartier.

On respondroit que tous ses Officiers *reviendront*. On sçait qu'ils laissent leur fonction a ceux qui les suivent; Que les quartiers comme les saisons font place aux autres; Et personne ne s'estonne que le jour & la nuit se suivent; Ce qui ne cesse que pour un temps, n'est pas détruit & aneanty.

Les Officiers ne perdent ny leur Charges, ny leur Nom, ny leur Qualité, ny leur Rang, pour n'en faire pas, ou n'en pouvoir faire les fonctions continuellement.

L'absence volontaire: l'absence necessaire: & mesme celle qui est forcée: la cessation, l'interdiction, la suspension, ne privent pas l'Officier de sa Charge ny de son Rang: ils luy en ostent seulement la fonction pour un temps.

Le Benefice subsiste en l'absence du Beneficier, & l'Office en l'absence de l'Officier.

Le premier & le second Rang, & tous les autres se conservent également: Et l'on n'a pas plus de raison de se mettre en peine des uns que des autres.

Le Doyen comme le Sous-Doyen subsistent aussi bien en ne servant pas que s'ils servoient. Pour n'estre pas toûjours dans la Compagnie, ils ne laissent pas d'estre toûjours de la Compagnie, & ils ne cessent pas d'estre Conseillers d'Estat, quand ils n'en font pas actuellement l'exercice.

Ce qui finit pour recommencer proprement ne finist pas: Le Doyenné subsiste en la personne du plus Ancien: C'est pour cela que l'on dit que les Compagnies ne sont jamais sans Doyen.

Quand celuy qui l'est veritablement retourne en fonction, il réprend sa place sans contradiction, & revient avec les mesmes honneurs qu'il avoit.

Nous avons veu au Parlement Monsieur Payen qui n'estant qu'aux Enquestes avoit sorty du Royaume pour une mauvaise cause; Par son retour avoir remply la premiere place de la Grande Chambre, le mesme jour qu'il y estoit entré, tant il est vray que le temps ne peut estre interrompu pour venir au Doyenné.

Comme celuy qui est le second l'est toûjours; Celuy qui est premier l'est toute sa vie.

Tant s'en faut que le temps de l'absence fasse perdre le Rang, qu'au contraire il augmente tous les jours. On devient Doyen en dormant & en ne servant pas. Le temps court toûjours, & nous fait monter sans sentir nostre mouvement.

Le temps est un vaisseau qui nous porte insensiblement, & quand mesme nous ne voudrions pas, jusques au bout de nostre course.

Quand le Doyen d'une Compagnie meurt; Ses Confreres Ordinaires ou Semestres, d'Eglise, d'Epée, où de la Robe, qui sont indifferemment sur le mesme banc, se trouvent tous avancez également sans y penser.

Quoy qu'ils ne voyent rien de changé parce qu'ils ont tous leurs mesmes Confreres à costé d'eux & en mesme rang qu'ils estoient, ils ne laissent pas d'estre montez chacun d'un degré.

Celuy qui estoit le premier n'a pas plûtost cessé d'estre, qu'au mesme instant sans la participation de personne, celuy qui estoit le second est devenu le premier, & que tous les autres l'ont suivy.

Voila comme les Rangs & le Doyenné de toutes les Compagnies, & celuy du Conseil qui n'est pas different des autres, s'est acquis jusques à present.

Vostre Majesté n'a jamais voulu que personne fust Doyen avant son temps, ny empêché personne de l'estre aprés qu'il y est parvenu, sa bonté n'oste le Rang à personne pour le donner a un autre. Si quelqu'un l'a perdu, c'est qu'il l'avoit cedé luy-mesme. On peut perdre sa place quaud on la quitte.

Hors cela il n'y a que la mort qui déplace un Officier. Pourquoy Monsieur Poncet veult-t'il faire cet ouvrage funeste; & en la personne d'un seul faire injure & outrage à tous ses Confreres?

Il n'y a nulle incapacité.

Monsieur Poncet pretend que tous les Conseillers d'Estat qui servent par Semestre sont incapables d'estre Doyens du Conseil.

RESPONSE.

CEtte proposition est avancée sans preuve & sans authorité.

Il n'y a point de Loy ny de Jugement qui établisse l'incapacité des Semestres, ny de Reglement qui affecte le Doyenné aux Ordinaires.

Personne

Personne n'est incapable *d'user du droit commun.* Qui veut que les Rangs suivent l'ordre de la reception. Que le Sous-Doyen succede au Doyen. Que le second devienne le premier. Et qui donne à tous les Officiers sans reserve, la faculté d'entrer de plein droit en la place de ceux qui les précedent des l'instant qu'ils viennent à manquer.

Les regles generales sont faites pour tout le monde. Celle qui dit que le premier receu sera le premier, & que les Conseillers d'Estat n'auront rang que du jour qu'ils seront appellez au Coeseil, comprend tous les Conseillers d'Estat & tous les rangs. Personne n'est donc incapable de garder son rang.

Ny pour le Doyenné ny pour les autres places, il n'a point esté fait d'exception à l'égard des Semestres. Ny d'attribution, ny d'affectation en faveur des Ordinaires, d'où il s'ensuit que le Conseiller d'Estat Semestre peut estre Doyen comme l'Ordinaire.

Le Doyenné n'est ny une Charge ny une dignité, ce n'est que le premier rang qui est deub à l'ancienneté, si Vostre Majesté veut bien que les Loix soient observées. C'est pourquoi si le Semestre se trouve le plus ancien, il a droit constamment de joüir de l'honneur deub à l'ancienneté, à l'exclusion & avant l Ordinaire qui se trouve apres luy.

Il y a plusieurs Reglemens generaux & Jugemens particuliers qui l'ont ainsi decidé. Sa Majesté s'est fort clairement expliquée à l'avantage des Semestres par le Reglement de 628. qui porte que ceux qui seront appellez au Conseil pour y servir comme Ordinaires, n'auront aucun rang ny preséance sur les autres Conseillers d'Estat en qualité d'Ordinaires. Apres cela comment peut-on pretendre que celuy qui n'a le Rang sur pas un de ses Confreres, le d'eust avoir sur tous ; Et que ceux qui l'ont précedé toute leur vie, fussent incapables de conserver ce mesme Rang dans la premiere place.

Il ne peut y avoir d'incapacité *dans la personne* de tous les Semestres. Du moment que Monsieur Poncet soûtient tous les Semestres incapables du premier Rang; Ce deffaut n'est plus personnel ny particulier. Mais on ne croit pas que Monsieur Poncet voulust faire cette injure à tous ses Confreres. Et qu'il ozast pretendre qu'il y a autant de Conseillers d'Estat incapables d'estre Doyens, qu'il y en a de capables d'y parvenir.

Il ne dira pas que ceux qui ont esté jugéz dignes par Vostre Majesté des Intendances de Justice, des Ambassades & des Charges de premiers Presidens des Parlemens: Et enfin de la dignité de Conseiller d'Estat, fussent devenus par cet honneur, incapables d'un simple Rang de la Charge qu'ils exercent.

Ce seroit une estrange proposition que de dire que l'on soit incapable de vieillir dans sa Charge, & d'en devenir le plus ancien & le Doyen qui ne sont que la mesme chose.

Ce seroit une estrange disgrace que la fin d'une vie honorable fust certainement deshonnorée, & qu'apres avoir servy Vostre Majesté avec zele & fidelité quarante ou cinquante ans, on vint faire naufrage au port sans y pouvoir entrer.

Il est bien surprenant que celuy qui cede il y a bien-tost un demy siecle la presceance à son Ancien, apres l'avoir suivy toute sa vie, le veüille mettre apres luy, & qu'il le pretende indigne du premier Rang pour le seul interest de quelques appointemens que Vostre Majesté donne de plus au Doyen qu'aux autres.

Ceux qui sont capables de tout, ne sont incapables de rien.

L'incapacité n'est pas aussi dans *la Charge de Semestre.* Si le vice estoit dans la Charge il seroit perpetuel, & par tout où seroit la Charge, le mesme deffaut ſi rencontreroit ; d'où il arriveroit neceſſairement que le Conſeiller d'Eſtat Semeſtre, ne pourroit jamais preceder l'Ordinaire.

Et comme le Sieur de Villayer à toûjours precedé & precede tous les jours Monſieur Poncet, cela prouve manifeſtement qu'il n'y a nulle incapacité dans la Charge de Semeſtre, non plus que dans la perſonne de ceux qui l'exercent avec honneur & dignité.

L'incapacité ne peut eſtre non plus dans la *fonction* de Doyen, qui ne conſiſte qu'à eſtre aſſis le premier & à dire ſon avis le dernier. Hors cela il n'y point de difference : car que peut faire le Doyen dont tous les autres Conſeillers d'Eſtat ne ſoient pas capables, & que le Sieur de Villayer ne faſſe tous les jours depuis dix ans que Monſieur de Lezeau ne vient point au Conſeil.

On ne dira pas que la chaiſe faſſe de la difference, on ne le peut penſer raiſonnablement, il n'y a point de chaiſe doyenne, de chaiſe prohibitive ny gardée ny marquée pour le premier, & que le ſecond ne puiſſe prendre en ſon abſence. Devant l'entrepriſe de Monſieur Poncet, cela ne s'eſtoit jamais veu dans le Royaume où il n'y a point de place vuide, celle de Doyen ſe remplit par le plus Ancien des Conſeillers : celle de premier Preſident par l'Ancien des Preſidens qui ont des Collegues.

La chaiſe ſeule de Voſtre Majeſté, qui eſt le Trône de ſa Iuſtice, ne ſe remplit jamais par perſonne, ny celle de Monſieur le Chancellier, qui tout ſeul eſt le Chef de la Iuſtice, qui tout ſeul a la direction du Conſeil.

Monſieur Poncet ſe plaindra-t'il que le Sieur de Villayer, comme Doyen, entrera toûjours au Conſeil? Pourquoy cela lui fait-il de la peine? Tous les Conſeillers d'Eſtat y entrent auſſi bien hors leur Semeſtre, que tous les Maiſtres des Requeſtes hors leur quartier, & perſonne ne s'en plaint. Doit-il envier au premier ce qui ne ſe refuſe pas au dernier? Qui fermera la porte à celuy qui l'a ouverte à tous les autres?

Qu'elle fauſſe idée s'eſt fait Monſieur Poncet de la qualité de Doyen? Eſt-t'il plus neceſſaire au conſeil que le Sous-Doyen ; Monſieur le Chancelier attend-t'il le Doyen ou l'Ordinaire pour commencer le Conſeil, ou quand le Conſeil le ſuit en quelque compliment.

Les Arreſts où le Doyen aſſiſte ſont-ils de plus grande conſideration que les autres ; Enfin eſt-t'il ſi important que Monſieur Poncet ſoit plûtoſt Doyen qu'un autre, qu'il faille faire une ſi grande nouveauté que de changer l'ordre de toutes les Compagnies.

Il n'y a donc point d'incapacité, ni dans la perſonne, ni dans la Charge, ni dans la fonction, ni dans la premiere place, à laquelle tous les Conſeillers d'Eſtat ſon indifferemment appellez, par une ſubſtitution graduelle & perpetuelle.

Il y a mille Compagnies d'Officiers en France, en toutes leſquelles l'Ancien eſt le Doyen, par qu'elle raiſon Monſieur Poncet veut-t'il que cela ne ſoit pas au Conſeil, & que luy ſeul paſſe de la troiſiéme place à la premiere.

Meſſieurs les Mareſchaux de France deferent l'honneur à l'Ancien ; Toutes les familles ont un Aiſné qui eſt le premier né ; Toutes les conditions ont un Ancien qui a le premier Rang : Monſieur Poncet ſeul s'eſt perſuadé qu'il empêcheroit que cét ordre qui a lieu par tout ne ſoit obſervé.

Il y a bien plus de ſujet de croire que Voſtre Majeſté ne voudra rien changer à ce qui a toûjours eſté ; à ce que tous les Rois ont fait ; à ce que tous les temps ont veu : & enfin ce qui eſt plus fort que tout le reſte, & qui doit eſtre inviolable ; à ce que Voſtre Majeſté a decidé par tous ſes Reglemens avec une ſageſſe incomparable.

Et ce faiſant qu'il luy plaira d'ordonner que le plus Ancien ſera le Doyen.

Le Doyenné est un Rang.

SIRE,

La question qui se presente, est pour le Rang que tenoit le Sieur de Lezeau en vostre Conseil, & non pas pour la Charge qu'il avoit: Monsieur Poncet ne la demande pas.

Pour ne rien dire d'inutile, il faut examiner seulement par quelle voye les Rangs s'acquierent au Conseil, si Vostre Majesté prend la peine de les distribuer, ou si c'est le temps qui en dispose.

Depuis que les Roys ont partagé avec le Ciel leur puissance, & qu'ils ont donné à tous leurs Officiers le droit de succeder au Rang de ceux qui les precedent. Depuis qu'il ont arresté que le premier receu seroit le premier. Et qu'en ces trois mots ils ont reglé tous les Rangs si justement. Que personne ne s'en est jamais plaint; La datte seule de la Reception a esté à Loy Souveraine des Rangs, parce qu'ils l'ont ainsi voulu, & qu'il n'y avoit rien de plus juste.

Personne ne les a plus importuné d'aucune préseance. Mille Doyens sont morts, dix mille Rangs ont changé depuis que Vostre Majesté regne si heureusement sur ce Grand Estat, sans qu'elle en aye entendu parler.

C'est pour cela qu'ils n'ont jamais fait personne Doyen, ny empêché personne de l'estre: Et que Vostre Majesté n'y a pourvû, ny éleu, ny nommé, non plus qu'aux autres Rangs, qui n'ont tous qu'une mesme regle.

Aussi sont-t'il tous de mesme qualité. Il n'y a point de Rang particulier, ny pour le Prélat, ni pour l'Homme d'Epée, ni pour celuy de la Robe, ni pour le Conseiller d'Estat Ordinaire, ni pour le Semestre. Au contraire Vostre Majesté par le Reglement de 657. a voulu que l'Ordinaire & le Semestre prissent entr'eux le Rang de leurs Lettres & de la prestation de leur serment.

Tous les Rangs conviennent à toutes sortes de Charges, & n'appartiennent à pas une en particulier; mais à celuy qui est le plus Ancien en Charge; Et cela sans distinction d'ordre, de profession, de service ou de condition, à l'exception seule des grands du Royaume.

Le Doyenné n'est pas une dignité.

Le Doyenné du Conseil n'est pas une Dignité.

TOUTE Dignité a vn établissement public, qui ne se peut faire que par l'authorité de Vostre Majesté, à qui seul il appartient deriger des Titres & de donner des Qualitez.

Le Doyenné du Conseil n'est ni Dignité ni Charge; mais un mot introduit & mis en vsage depuis peu de temps, qui ne signifie autre chose que premier & plus Ancien Conseiller d'Estat. Personne, non pas mesme Monsieur Poncet, ne met en doute cette proposition qui est conforme au droit commun, naturel & public, auquel Vostre Majesté n'a point dérogé par aucun Edit, Dclaration, ny Reglement.

Si c'estoit une Dignité, Vostre Majesté en anroit fait l'érection, & ensuite elle y auroit pourveu, éleu, & nommé toutes les fois qu'il seroit arrivé changement de personnes, & que cette Dignité auroit vacqué.

Si c'estoit une Dignité la voye auroit esté ouverte à tout le monde puur la demander comme une faveur & nne grace particuliere.

Laquelle ne s'estant jamais poursuivie, & personne n'ayant ozé faire à Vostre Majesté une demande si déraisonnable & si extraordinaire tout ensemble: Cette retenuë marque certainement par un aveu & une reconnoissance generale de tout le monde, que le Doyenné n'est pas une Dignité, ni mesme une Charge, ni une Commission qui se donne ni qui se demande, & que ce n'est qu'un Rang qui dépend comme tous les autres Rangs, de l'ancienneté.

Si c'estoit une Dignité, Vostre Majesté la donneroit aussi-bien à celuy qui ne seroit pas de la compagnie qu'à celuy qui en est: Et le dixiéme & le vingtiéme Conseiller d'Estat, auroit autant de droit de l'esperer que le plus Ancien.

Si c'estoit une Dignité les Reglemens de Vostre Majesté & des Rois ses Predecesseurs en auroient parlé & marqué ses fonctions & ses avantages. Les Requestes de la Chambre des Comptes; Nos vieux Livres Manuscrits en auroient fait mention, & une qualité si éminente & si relevée n'auroit pas esté oubliée, si elle avoit esté autre chose qu'un simple Rang.

Mais que personne n'en aye jamais parlé; Que l'on n'en voye en nul endroit l'institution. Que pas un Roy n'y aye pourveu. Que pas un particulier n'en aye demandé le Titre. Que personne avant les quarante ans derniers n'en aye pris la qualité. C'est une demonstration plus claire que le jour que ce ne fut jamais une Dignité.

Et si l'on adjoûte à toutes ces raisons la notion generale de tous les hommes, & le témoignage qu'ils rendroient si l'on leur demandoit, ce que c'est que Doyenné, qu'il diroient d'une commune voix n'estre autre chose que le privilege de l'ancienneté & le premier Rang: Il est impossible de pretendre contre le sentiment de tout le monde, que le Doyenné du Conseil soit une Dignité.

Monsieur Poncet dit qu'il n'est ny Rang ny Dignité.

Réponse à l'Objection de Monsieur Poncet, qui veut que le Doyenné ne soit ny un Rang ny une Dignité.

QUOY que le nom de Doyen n'aye jamais esté entendu par personne que pour celuy qui est le plus Ancien de sa Compagnie: Ou pour une dignité Ecclesiastique qui se donne, & a laquelle on pourvoit dans les Eglises Cathedrales & Collegiales, comme aux autres Benefices.

Monsieur Poncet neantmoins en veut faire une tierce espece, & il pretend *que le Doyen du Conseil n'est ny un Rang ny une Dignité.*

Il convient bien que ce n'est pas une dignité entiere, mais il dit que c'est une demie dignité & une espece de qualité, Affectée à quelque genre de Charges seulement,

ſeulement, Qui ne ſe donne pas comme une dignité, Et qui ne s'acquiert pas auſſi comme les autres Rangs du Conſeil, par le temps ſeul de la reception ou du ſervice : Mais pour lequel il eſt neceſſaire auparavant que d'y parvenir, d'avoir des qualitez particulieres.

Cette penſée eſt ſans doute fort nouvelle & fort extraordinaire, & on peut dire à Voſtre Majeſté, que Monſieur Poncet en eſt le premier inventeur.

De ſçavoir ſurquoy il ſe fonde, & où il a pris cette maxime qu'il veut eſtablir, C'eſt une choſe bien difficile, puiſque dans tous les Reglemens que Voſtre Majeſté & les Roys ſes Predeceſſeurs ont faits, on n'a jamais diſtingué au Conſeil le Doyenné du premier rang & de l'ancienneté.

De dire qu'il y a au Conſeil un Doyen des Conſeillers d'Eſtat, qui ſoit une demie Dignité, & puis un premier & plus ancien Conſeiller d'Eſtat, cela n'a jamais eſté veu, & n'eſt tombé en l'eſprit de perſonne. Et c'eſt pourtant ce que Monſieur Poncet veut aujourd'huy perſuader.

Quand V. M. a ordonné que le premier receu ſeroit le premier, elle a ſans doute entendu dire qu'il ſeroit le Doyen ; Et n'a jamais penſé d'ajoûter *à condition qu'il fuſt Ordinaire.*

Quand V. M. a reglé que ſes Conſeillers d'Eſtat n'auroient rang que du jour qu'ils ſeroient appellez au Conſeil, V. M. n'a pas voulu dire qu'ils pourroient neantmoins eſtre Doyens d'une datte precedente leur vocation & leur reception.

Le mot de Rang comprend tous les Rangs, & celuy que le Doyen occupe, & celuy que le Sous-Doyen & les autres Conſeillers d'Eſtat rempliſſent.

Et quand V. M. a excepté de cette regle les Princes, les Cardinaux & Officiers de la Couronne, Et qu'Elle a dit qu'ils precederoient les autres Conſeillers d'Eſtat, Elle a auſſi bien entendu qu'ils precederoient le Doyen que les autres. D'où il s'enſuit que le Doyen eſtant compris dans l'exception, il eſt auſſi compris dans la regle ; Et cela ne peut eſtre autrement, puiſque l'exception conprend le Doyen par les mots de Conſeillers d'Eſtat, la regle par les meſmes mots comprend auſſi le Doyen.

Puiſqu'il eſt dit que les Conſeillers d'Eſtat garderont leur rang indefiniment, il s'enſuit qu'ils le garderont en la premiere place comme dans la ſeconde.

Par quelles raiſons Monſieur Poncet peut-il pretendre que le premier & le ſecond rang ſont de differente dignité.

Dira-t'il que le premier rang a un nom particulier? Qu'il s'appelle Doyen? Qu'il a une qualité qui le fait la teſte de la Compagnie qu'il repreſente?

On répondroit que le nom de Doyen, de Premier & de plus Ancien, ſont des mots ſynonymes, qui ne conſtituënt point de difference, & que les metaphores & les denominations impropres ne changent pas la ſignification des choſes, ny leur dignité ny leur qualité.

S'il dit que le Doyen a *une qualité qui le fait la teſte de la Compagnie qu'il repreſente.*

On peut répondre, que jamais on n'a dit que le Doyen du Conſeil ou du Parlement fuſſent la teſte ny du Parlement ny du Conſeil.

On diroit plus veritablement, que Monſieur le Chancelier, qui eſt le Chef de la Justice, seroit la teste du Conseil, & que ce seroit Monsieur le Premier President qui seroit la teste du Parlement: Mais ils ne prennent jamais ces qualitez impropres: On dit seulement qu'ils sont à la teste des Compagnies, qu'ils y president & qu'ils en ont la direction: Mais cela ne convient point au Doyen du Conseil, qui n'eut jamais ny la direction du Conseil ny la Presidence.

Si Monsieur Poncet dit, *que le Doyen à des honneurs & des prérogatives que les autres Conseillers d'Estat n'ont pas*, que lors que Monsieur le Chancelier lui demande son avis, il se découvre; ce qu'il ne fait pas pour les autres, ny mesme pour celuy qui en l'absence du Doyen, prendroit sa place, parce que personne ne represente parfaitement le Doyen que celuy qui l'est effectivement & veritablement.

Que le Roy luy donne de doubles appointemens, ce qu'il ne fait pas à ceux qui pour son absence tiennent le premier rang: Et qu'ainsi ny pour l'honorable, ny pour l'utile, le Doyen ne se represente pas, & que partant cela le fait d'une dignité differente des autres.

On peut répondre que ces Objections font bien voir que Monsieur Poncet s'est fait une fausse idée du nom de Doyen, par le desir qu'il a de l'estre; parce que ce n'est pas ny à la metaphore de Doyen que ces honneurs & ces avantages se donnent. C'est à l'Ancien & à ses longs services que ces récompenses s'accordent: Et mesme on peut dire que ce n'est pas à la personne, mais à l'ancienneté, qui mérite quelque difference.

Car quoy que ce soit toûjours le mesme homme qui estoit le second qui est devenu le premier, & qu'il n'ayt acquis aucun nouveau merite. Quand neanmoins il se trouve consacré, & conservé par la Providence divine, pour remplir un rang qui n'arrive qu'à tres-peu de gens: C'est la raison veritable qui a fait l'usage d'avoir de la consideration pour l'ancienneté qui n'a jamais esté enviée par personne.

Et quand tout ce que dit Monsieur Poncet du nom de Doyen & de ses avantages, seroit encore plus utile & plus honorable; cela feroit seulement connoître que c'est le sujet qui le porte à former cette question, & qui a exité son ambition. Mais cela ne prouve nullement que ce soit à Monsieur Poncet d'en joüir. Au contraire, plus les honneurs sont considerables, ils font voir plus manifestement, que de les oster à l'Ancien auquel ils appartiennent, ce seroit luy faire un plus grand préjudice. Et Monsieur Poncet se devroit reprocher à luy-mesme l'injustice de sa pretention, de vouloir ravir à son Ancien la gloire de ses services.

Si Monsieur Poncet dit, *que le Doyenné n'est pas un rang simplement*, & que c'est une dignité, ou pour le moins une demie dignité, & que c'est quelque espece de dignité. Pour induire par là que les Reglemens qui parlent des rangs ne servent de rien en cette contestation, parce qu'ils ne parlent pas positivement du Doyen.

On peut répondre, que cette Objection est une pure chicane, parce que le Doyen n'a jamais esté autre chose que l'Ancien & le premier des Conseillers d'Estat, il est necessairement compris dans les dispositions des Reglemens qui parlent de tous les rangs; d'où il s'ensuit invinciblement, que puisque c'est un Conseiller d'Estat qui devient Doyen, & puisque le premier rang est un rang, que c'est au Conseiller d'Estat qui est le premier receu, d'estre le premier, &

que Monsieur Poncet doit ceder la Chaize à son Ancien, & que puisqu'il n'a esté appellé au Conseil qu'aprés le Sieur de Villayer, il ne peut dans les regles avoir de place qu'aprés luy.

Si le Doyenné est une dignité imparfaite, si c'est improprement parlant & par fiction une espece de dignité. C'est en parlant veritablement un rang & une sceance, & mesme une presceance toute entiere, & il est impossible d'en douter.

Et quand ce seroit une espece de dignité, cela n'empescheroit pas que ce ne fût un rang qui emporteroit si l'on veut quelque ombre de dignité qui suivroit le premier rang, & qui en procederoit, & qui n'en pourroit estre separé ny détaché, non plus que l'effet d'avec sa cause.

Si Monsieur Poncet dit *qu'il ne s'ensuit pas que celuy qui peut estre Sous-Doyen puisse estre Doyen*, comme il se voit au Parlement de Paris; où l'Ecclesiastique ne peut estre Doyen; Ou celuy de la Religion Pretenduë Reformée, qui peut estre sous Doyen dans sa Chambre, ne peut pas y estre Doyen pour toûjours, ny les Religieux à la Sorbonne.

On répond que ces exemples ne se peuvent appliquer au Conseil, où on a veu Monsieur Fremiot Archevesque de Bourges, & depuis vingt ans Monsieur de Leon Brullard, Ecclesiastiques, Doyens du Conseil.

Mais ces exemples sont fort inutiles en cette contestation, où ny le Sieur Poncet, ny le Sieur de Villayer ne sont Ecclesiastiques, ny l'un, ny l'autre, ny de la Religion Pretenduë Reformée, ny Docteurs de Sorbonne.

Et pour l'exemple de la Sorbonne, où le Religieux ne peut estre Doyen: Cela est rapporté encore plus inutilement, n'estant Religieux ny les uns, ny les autres. Mais il y a plus encore à la Sorbonne, les Religieux n'y ont esté agregez qu'à condition de ne pouvoir devenir Doyens; Et la raison en est, que le Superieur & le General d'un Religieux estant ordinaire à Rome, on n'avoit garde de souffrir qu'il peût presider à la Sorbonne, où le Doyen est toûjours President, & il y a tant d'autres raisons importantes pour cela; qu'il ne faut pas tirer de consequence de ce qui se fait à la Sorbonne, pour en faire un exemple au Conseil.

ABREGE.

Pour montrer que la pretention du Sieur Poncet se détruit de soy-mesme.

SIRE,

DANS la contestation qui se presente, il ne s'agit pas de sçavoir qui aura le titre de Doyen de vostre Conseil, puisqu'il n'y a point de Doyen, érigé en Titre au Conseil.

Ny de sçavoir qui est le plus Ancien de vos Conseillers d'Estat, puisque le Sieur Poncet ne le dispute pas au Sieur de Villayer.

Ny qui aura la place d'ordinaire qu'avoit le Sieur de Lezeau, puisque le Sieur Poncet, ne la demande pas.

Il ne s'agit pas aussi de sçavoir si le Semestre, qui est devenu le plus Ancien pendant qu'il sert actuellement pourra entrer au Conseil quand son Semestre sera finy, parce que cette question n'estant pas née, V. M. ne juge point par advance ce qui est incertain & ce qui peut estre n'ariverra jamais.

Il est uniquement question qui occupera le premier rang que le Sieur de Lezeau avoit acquis par son Ancienneté, qui est la seule voye par laquelle V. M. jusques à present; a voulu conformément à toutes les Loix du monde, que les rangs se peussent acquerir.

En ordonnant que le premier reçeu sera le premier; Que le plus jeûne cedera la Chaise à son Ancien; & que les Conseillers d'Estat n'auront rang que du jour qu'ils seront appellez au Conseil.

Comme il n'y a rien de plus juste que ces regles, à moins que le Sieur Poncet qui veut violer tous les ordres Naturels, Civils & Publics, pour satisfaiae son ambition, ne rapporte quelque Exception bien précise, ou quelque grande consideration d'Estat.

Il n'y a rien de plus facile à décider, s'il plaist à V. M. que les Ordonnances soient observées.

Et afin de ne pas ennuyer V. M. le Sieur de Villayer se contentera de luy representer les pretentions du Sieur Poncet, parce que de la lecture seule de ce qu'il demande, il y en a suffisamment pour faire voir que toutes ses pretentions n'ont ny fondement ni justice.

Pretention du Sieur Poncet.

IL veut établir une Loy nouvelle pour luy, & au lieu que les Reglemens de V. M. portent que le premier reçeu sera le premier.

Il veut que le dernier reçeu soit le premier.

Bien qu'il ne soit que le vingt-quatriéme puisné du Sieur de Villayer, il se veut faire son aisné.

Au lieu qu'il faut estre l'Ancien pour estre le Doyen, il veut estre le Doyen sans estre l'Ancien.

Du Doyenné qui n'est qu'un rang, il en veut faire une Dignité: Ce que V. M. par des considerations importantes, n'a jamais voulu faire.

Il veut passer de la troisiéme place à la premiere, sans passer par la seconde, ce qui est sans exemple.

Et bien qu'il n'y ayt que la mort ou le crime qui déplace un Officier, il veut prendre la place de son confrere, qui a toûjours fait son devoir, & servy V. M. avec zele & fidelité.

Encore que l'on n'ayt rang dans une Compagnie que du jour que l'on y est reçeu,

reçeu, il prétend sa seance avant que d'en avoir esté, & préceder celuy qui l'a toûjours précedé.

Les Loix de V. M. veulent que l'Ordinaire n'ayt aucun rang sur le Semestre, & il veut par adresse avoir le premier rang, comme si la premiere préseance n'estoit pas une séance.

Enfin, au lieu que dans l'ordre du Royaume tout ce qu'il peut prétendre, soit d'estre Sous Doyen, il voudroit estre au dessus du Doyen; ce qui seroit un renversement de tous les Ordres, & de ce qui dans le monde est le plus certainement & le mieux étably.

Aprés la lecture seule de ses prétentions qui se détruisent de soy-mesme, le Sieur de Villayer croit n'avoir pas besoin devant le plus grand & le plus juste de tous les Rois, de rien respondre à tout ce qu'a dit le Sieur Poncet.

MEMOIRE GENERAL.

POUR le Sieur de Villager. Contre le Sieur Poncet.

SIRE,

La prétention du Sieur Poncet qui dispute au Sieur de Villayer son Ancien, la qualité de Doyen de vostre Conseil, fait le sujet de la contestation qui se presente devant VOSTRE MAJESTE'.

Pour faire connoistre le peu de justice de cette pretention, le Sieur de Villayer dira seulement puisque V. M. luy en donne la permission.

Que le Sieur Poncet demande ce que personne n'a jamais demandé, ny prétendu, & ce que V. M. n'a jamais donné.

Car encore que tout soit soûmis à la plenitude de sa puissance, neanmoins V. M. qui pese tous les jugemens qu'elle donne au poids du Sanctuaire, & qui est toute juste, n'a jamais voulu intervertir l'ordre que la Nature & la Providence de Dieu & l'Usage general ont étably par tout le monde, où il ne se trouvera pas une seule condition, ny profession, ny Compagnie dans laquelle le premier rang n'ait esté attribué au plus Ancien en reception.

Tant il est vray que rien n'est plus fort que le temps, n'y plus venerable que l'Ancienneté, qui est la Regle & la Loy à laquelle tous les hommes d'une mesme Compagnie se sont volontairement soûmis; aussi n'y en a-t'il point de plus juste & moins sujette à l'envie & à la faveur; parce que ce qui se donne à l'un est estimé une grace faite à tous les autres qui y peuvent parvenir. Le bien du temps & de la longue vie est un don de Dieu; personne jusques à present *avant Monsieur Poncet* n'a contesté ny contredit les honneurs, le rang, & les avantages qui sont accordez à l'Ancienneté de la reception.

Pour faire voir que le Rang de Doyen, ny tous let autres Rangs ne se demandent point, ne se donnent point & ne vaquent point.

POUR monstrer le peu de justice & de fondement qu'il y a dans la pretention du Sieur Poncet, V.M. considera s'il luy plaist, que la qualité de Doyen du Conseil n'est ny une Charge ny une Commission, V. M. ne l'ayant pas érigé en titre d'Office, & n'y ayant jamais pourvû; ce n'est qu'un droit & un privilege d'Ancienneté, qui ne vacque point, & qui par consequent ne se demande point & ne se donne à personne.

Comme les Compagnies ne meurent point, & qu'elles ne font que se renouveller, la qualité de Doyen subsiste aussi toûjours en la personne du plus Ancien en reception, auquel le rang en est transmis de plein droit.

Ce n'est pas une place qui demeure vacquante jusques à ce qu'un autre y aye esté élevé, ce n'est qu'un rang qui s'acquiert par soy-mesme comme sont tous les autre rangs.

L'ordre naturel fait que le second succede au premier par une substitution tacite, graduelle, & perpetuelle, & par un droit de succession general que V. M. a bien voulu qu'il fust attaché à tous les Officiers dont les sceances se remplissent successivement sans avoir besoin pour cela d'une autre grace que de celle que l'Officier à une fois reçeuë de V. M. lors qu'il a esté pourveu de sa Charge, & qu'il y a esté reçeu.

En effet si le rang de Doyen & tous les autres qui le suivent, ne se remplissoient pas de soy-mesme & de plein droit, la voye seroit ouverte à tout le monde pour les demander comme une faveur & une grace particuliere, laquelle ne s'estant jamais poursuivie & personne ne s'estant voulu établir sur les ruines de son Ancien, ny ozé faire à V. M. une demande si deraisonnable.

Cette retenuë marque certainement par un aveu & une reconnoissance generale de tout le monde que les rangs ne vaquent point, & que celuy de Doyen appartient legitimement & incontestablement par une Loy universelle au plus Ancien en reception.

Celuy qui estoit le plus Ancien n'a pas plûtost cessé d'estre que celuy qui le suit a pris son rang : dés lors que celuy qui estoit le premier n'est plus, celuy qui estoit le second est devenu le premier, & le troisiéme le second ; & cela a passé par une suite necessaire jusques au dernier rang, qui tout seul est à remplir, ny la premiere place ny toutes les autres qui s'entresuivent ne sont point demeurées vuides.

Quoy que les personnes qui les occupoient ayent changé déplace, il est pourtant vray de dire que tous ces rangs qui n'ont fait que passer des uns aux autres, à proprement parler, n'ont point vacqué, parce que le changement s'en est fait en un instant tout seul & sans la participation de personne, en consequence d'un consentement universel aussi Ancien que les Compagnies mesmes.

V. M. n'a jamais donné ny les uns ny les autres de ces rangs, ce ne sont que des accidens ausquels elle ne pourvoit point.

De mille provisions qui s'expedient tous les ans, de toutes celle qui se sont jamais expediées, pas une ne porte que se soit pour occuper ny le premier ny le dixiéme ny le vingtiéme rang.

Quand le Doyen d'une Compagnie decede, il quitte tout ; il laisse à la disposition de V. M. la Charge qu'il avoit receuë de sa bonté & de sa grace : & le rang retourne à l'Ancienneté qui le luy avoit acquis par la mesme regle & la mesme Loy qu'il l'avoit receu.

C'est pourquoy V. M. pourvoit bien à sa Charge, mais il ne donne pas son rang, celuy qui est receu ne prend que la derniere place : rien n'est plus certain ny plus constant, & cela ne s'est jamais fait autrément.

Par la mort de Monsieur de Lezeau, ce n'est pas le Doyenné qui a vaqué, le mesme moment qui l'oste à l'un le donne à l'autre, c'est la Charge & le dernier rang qui sont vacants.

Son déceds a fait qu'il n'est plus Doyen du Conseil ; mais il n'a pas pû faire que le Conseil ait esté un moment sans Doyen, car il est impossible d'imaginer un temps où dans une Compagnie il n'y ait pas toûjours quelqu'un qui soit le plus Ancien.

Il ne faut point de Lettres pour estre Doyen, comme il ne faut point de Lettres pour estre premier Capitaine.

On n'a jamais veu de Provisions au Sceau pour estre de la Grand'Chambre, ny de Commissaires.

Ainsi V. M. connoist que le Sieur Poncet demande ce qui n'a jamais esté demandé ny donné ; il demande le Doyenné, *il n'est point vacquant*, il s'est remply de plein droit par l'usage general du Royaume. L'ordre de la reception, la puissance du temps l'a donné à celuy qui n'a plus personne devant luy. Les rangs ressemblent aux vagues & aux flots qui se suivent.

Le Doyenné est assujetty à la Loy du temps, le Sieur Poncet qui le veut avoir ne doit pas estre exempt de la Loy commune, s'il plaist à V. M.

Puisque le Doyen est celuy qui a eu l'honneur d'avoir esté fait Conseiller d'Estat le premier, qui a entré & pris place & servy actuellement au Conseil devant tous les autres, le Sieur Poncet ne peut pas pretendre la place de Doyen au préjudice du Sieur de Villayer qu'il reconnoist & qui est son Ancien depuis plus de quarante ans.

Mais nonseulement le droit de l'Ancienneté ne se donne point, il ne peut pas mesme estre cedé ny transporté par celuy auquel il appartient au préjudice d'autruy ; parce que l'Ancienneté de l'un ne fait jamais l'Ancienneté de l'autre.

Comme on ne peut donner son âge à personne n'y s'en deffaire quand on le voudroit, on ne peut aussi donner son rang de reception, ce droit est tellement personnel, que personne n'a droit d'en disposer ; il ne quitte point celuy auquel il est attaché qu'avec la vie.

C'est par cette raison que le Sieur Poncet qui a suivi le Sieur de Villayer depuis la derniere place jusques à la seconde, doit encore s'il plaist à V. M. continüer d'estre aprés luy.

Il ne doit pas à present trouver mauvais ce qu'il a trouvé bon toute sa vie ; la preséance du Sieur de Villayer ne luy doit faire aucune peine aprés une possession d'un demy siecle.

Le changement arrivé par la mort du Doyen, ne doit pas faire changer l'ordre qu'ils gardoient entr'eux pendant sa vie : parce que ce changement procede d'une cause étrangere à leur égard, qui ne donne rien à l'un ny n'oste rien à l'autre : La mort de Monsieur de Lezeau n'influë ny pouvoir au Sieur Poncet, ny deffaut au Sieur de Villayer.

Il arrive seulement à l'occasion de cette mort que tous Messieurs du Conseil montent chacun d'un degré.

D'où il s'ensuit que puisque le Sieur de Villayer estoit le second, qu'à present il est devenu le premier, s'il plaist à V. M. & il ose esperer de sa justice le mesme avantage que tous les autres reçoivent.

Cependant si la pretention du Sieur Poncet lui pouvoit reüssir, le Sieur de Villayer seul au lieu de monter descendroit ; car c'est descendre en effet que de ne pas monter en ce rencontre, & de voir que celui qui est & qui a toûjours esté aprés lui, fust mis devant lui.

Le Sieur de Villayer souffriroit seul de ce dont il devroit profiter plus que tous les autres : Le Sieur Poncet monteroit de deux degrez quand tous les autres ne s'avancent que d'un, & le Sieur de Villayer dans ce mouvement general demeureroit immobile & chargé de confusion sans avoir rien démerité ny fait aucune faute.

Le Sieur Poncet par cette nouveauté feroit au Sieur de Villayer une injure particuliere, & à mesme temps il feroit en sa personne à tous les Conseillers d'Estat Semestres une injure generale, en faisant prononcer contre eux une privation du droit d'aînesse, auquel ils ont tous le mesme droit, & doivent parvenir à leur rang, selon qu'il plaist à Dieu de prolonger leurs jours ; ce seroit une dégradation plus douloureuse que la mort, puisqu'elle seroit pleine de honte & de confusion, ce qui resiste directement à la justice, & mesme on l'oze dire, *à la bonté & à l'honnesteté naturelle de V. M. qui n'a jamais osté le rang à personne pour le donner à un autre.*

Par cette pretention le Sieur Poncet veut violer tous les ordres naturels & civils, & tous les Reglemens que V. M. a fait si justement, il veut détruire l'Usage general de tout le Royaume, il veut renverser celuy de vostre Conseil : Et enfin par cette pretention, le Sieur Poncet s'oppose à l'ordre de Dieu, au cours de la Natute, & sacrifie ses Loix immuables à son interest particulier.

Voilà, SIRE, en peu de mots, dequoy il est question, & il semble que l'on peut dire que rien n'est plus nouveau, plus dereglé, plus ambitieux, plus injurieux, & par consequent plus important, c'est pourquoy le Sieur de Villayer espere la protection de sa justice; puis qu'outre l'interest qui se rencontre icy tres-considerable, il y va de l'honneur qui est le plus cher & le plus excellent de tous les biens.

CErtainement, s'il y a dequoy s'étonner que Monsieur Poncet veüille détruire l'ordre qui est & qui a esté de tous les temps le plus constamment & le plus universellement estably ; On ne sera pas moins surpris qu'il l'entreprenne sous le regne de Vostre Majesté, qui est le regne de tous les Rois le plus puissant comme il est le plus juste.

Il est bien étrange, sans doute, que dans une Compagnie aussi ancienne que le Conseil, & aussi bien reglée qu'elle l'a esté par la prudence de V. M. & par celle des Rois ses predecesseurs, on forme une contestation sur le rang de ceux qui la composent, & que cette contestation commence aujourd'huy entre le Sieur Poncet & le Sieur de Villayer, qui n'en ont point eu pendant prés de quarante-cinq ans qu'ils ont servy ensemble, & que chacun a vécu content de sa place & de son rang.

Puisqu'il n'est rien survenu de nouveau qui donne sujet au Sieur Poncet de disputer au Sieur de Villayer le droit de l'ancienneté.

Il semble que leurs jours & leurs années ne doivent pas estre autrement mesurées pendant les derniers temps de leur vie, qu'elles l'ont esté pendant ceux qui ont precedé, le passé doit estre la regle de l'advenir.

Et n'ayant point esté fait de loy contraire à la subordination avec laquelle ils sont montez de place en place dans le Conseil de V. M. Il n'est pas possible d'imaginer d'autre raison de la pretention du Sieur Poucet, sinon qu'il y trouve son avantage, & qu'il y auroit de l'utilité pour luy d'estre Doyen par les doubles appointemens que la liberalité de V. M. donne au plus Ancien, & par l'honneur de la premiere preseance, & que cela luy conviendroit fort.

Mais parce que la Justice n'a jamais receu cette raison de convenance qui est commune à tout le monde, & qu'il y a de la pudeur à demander une place attachée necessairement à une qualité qu'il n'a pas, & que la condition essentielle pour estre Doyen, & sans laquelle personne ne le fut jamais, luy manque, puis qu'il est aprés le Sieur de Villayer, le Sieur Poncet ne pouvant disconvenir des principes.

Il a essayé tant qu'il a peû de colorer sa pretention de quelque raisons apparentes, & reconnoissant luy-mesme que pour estre Doyen il faut estre le plus ancien en reception, & que c'est le moyen seul par lequel on y peut parvenir.

Il s'est avisé de dire qu'il estoit le plus ancien des Conseillers d'Estat Ordinaires & que le Sieur de Villayer ne servoit que par Semestre.

C'est le pretexte & le fondement seul de l'objection de Monsieur Poncet, que cette qualité d'Ordinaire, dont il a fait valoir avec bien de l'adresse la gloire & les avantages.

Mais il ne s'ensuit pas pour cela qu'elle donne aucune preseance sur les autres Conseillers d'Estat, puis qu'il est justifié que c'est le jour de la Reception & non la qualité d'Ordinaire qui donne le Rang, & que cela a esté pratiqué prés de treize-cens ans qu'a déja duré la Monarchie. C'est à dire depuis l'establissement du Conseil.

Pour faire voir que la distinction que le Sieur Poncet a fait entre les Charges de Conseiller d'Estat Ordinaire & Semestre n'est d'aucune consideration.

IL suffiroit au Sieur de Villayer de dire, *qu'il ne s'agit pas de la qualité des Charges, mais d'une preseance & d'un rang* qui est attaché à la personne & non pas à la Charge.

Il est question uniquement de sçavoir qui aura le rang que tenoit Monsieur de Lezeau, & non pas qui aura sa Charge?

Monsieur Poncet ne la demande pas, puis qu'il est Ordinaire: Que luy sert-il donc de parler de la qualité des Charges?

Il s'est bien donné de la peine à chercher de la difference entre la Charge d'Ordinaire & de Semeste, où il n'y en a point; ny pour la dignité ny pour le Rang, & il n'en a point fait entre la Charge & le Rang, où il y en a tant à faire.

On ne peut pas douter que la Charge & le Rang ne soient deux choses fort differentes & separées. En voicy quelques preuves.

V. M. donne la Charge; mais pour les Rangs, Elle ne les donne & ne les oste à personne. V. M. n'a pas voulu qu'ils se pussent acquerir autrement, que par le temps & la longue vie.

La Charge se donne en un moment, & une parole seule en fait la grace; le Rang au contraire ne vient que par degrez. Pour devenir Doyen, il faut quelquefois cinquante ans, il en couste souvent la vie & l'on n'y parvient pas; c'est beaucoup si de vingt Officiers un seulemenr y arrive.

Un homme a toute sa vie la mesme Charge, & quoi qu'il n'en change point, cét Officier change de rang une infinité de fois avant que de monter de la derniere place à la premiere.

La Charge vaque, le rang ne vaque point, comme il a esté cy-devant expliqué.

Il y a des Compagnies où la Charge se vend, se transporte, se resigne, mais en nul endroit le Rang ne se vend, ne se cede & ne se donne point.

Au Conseil, il y a des Charges qui servent six mois, d'autres qui en servent douze. Il y a des Charges d'Eglise, d'Espée, & de la Robbe.

Mais il n'y a point de Rangs de qualité differente, ils ne sont ny Semestres ny Ordinaires. Le premier comme le dernier, le dixiéme comme le vintiéme rang est possedé indifferemment & par le Semestre & par l'Ordinaire, & par l'homme d'Espée, d'Eglise ou de la Robbe.

Les Rangs ne sont que des nombres, ils n'ont rien de commun avec la Charge, le Rang est un accident qui convient à toutes les Charges.

Succeder à la Charge, ou succeder au Rang, sont si differents que cela ne se rencontre jamais. Celuy qui a la Charge du Doyen n'est pas Doyen, il n'est pas le premier, au contraire, il est le dernier de la Compagnie? Pourquoy, parce que l'un n'a pas le service de l'autre, & que c'est la datte de la reception & du service qui donne le Rang.

Par ces differences sensibles qui se rencontrent entre la Charge & le Rang, V. M. connoist que l'Objection de Monsieur Poncet fondée sur la qualité de la Charge de Conseiller d'Estat Ordinaire & Semestre est entierement inutile & faite mal à propos; Puis qu'il ne s'agit pas de la qualité des Charges, & que non seulement le Rang n'a jamais de rapport à la Charge; mais encore parce qu'il n'est point question du tout entre le Sieur de Villayer & le Sieur Poncet d'une Charge, mais simplement d'un Rang & d'une Preseance, qui ne procedent point de la qualité de la Charge, & dont au contraire le droit vient de la datte & du jour de la Reception.

Quand il s'agiroit de la qualité des Charges, la difference d'Ordinaire & de Semestre seroit encore inutile, parce que c'est une question jugée par trois Reglemens solemnels.

L'Autorité des choses jugées forme une espece de droit inviolable, contre lequel personne ne peut reclamer, & principalement quand il s'agit de Rang & de Seance, parce que la possession est la Loy Souveraine de ces matieres, & que les Princes & les Magistrats se font une espece de Religion, de conserver aux Officiers, l'honneur & le rang que leur ancienneté leur ont acquis, qui est toûjours la plus noble récompense des longs services.

Les décisions Royales & les Reglemens generaux que font les Sonverains pour conserver l'ordre & la *subordination* si necessaire en tous les Estats, & si importante pour contenir tout le monde en son devoir, sont encore d'un ordre superieur & ont plus de force & d'éficace que les jugemens particuliers, parce qu'elles ont l'autorité de Loix universelles qui ne se changent point.

Le Sieur de Villayer n'a pas seulement l'avantage de trois Reglemens generaux qui ont jugé cette question en sa faveur, il a encore un Jugement particulier & personnel rendu entre luy & le Sieur Poncet par V. M. mesme.

Toutes ces Loix uniformes devoient imposer un silence respectueux au Sieur Poncet; Ces résolutions authentiques nous marquent les volontez souveraines de V. M. dont les dispositions sont si justes, & d'une si grande autorité, qu'elles doivent estre inviolables à tout le monde, & plus à vos Conseillers d'Estat qu'à tous autres, parce qu'ils ont une parfaite connoissance de sa puissance & de sa justice, & qu'ils doivent montrer aux autres l'exemple du respect & de la veneration qui est deuë à tout ce qui vient de V. M.

Monsieur Poncet a-t'il quelque chose à opposer au Reglement de la Rochelle, fait en 1628. il y a cinquante-deux ans, qui porte eupressément, que les Conseillers d'Estat Ordinaires n'auront aucune preseance sur les autres en qualité d'Ordinaires.

Si la qualité de Conseiller d'Estat Ordinaire ne donne la preseance sur pas un, comment Monſieur Poncet oze-t'il demander la place de Doyen, qui a la preſeance ſur tous les autres.

Comment Monſieur Poncet veut-il eſtre le premier, puis qu'il n'a jamais pû eſtre le ſecond au préjudice du Sieur de Villayer, aprés lequel il a toûjours eſté dans toutes les Places du Conſeil.

On n'a jamais oüy dire que l'on ſaute de la troiſiéme place à la premiere, ſans paſſer par la ſeconde, ſi cela eſtoit, on y pourroit venir de la dixiéme & de la derniere, qui ſeroit une propoſition eſtrange & inouye juſques à preſent.

Monſieur Poncet peut encore moins contredire l'Ordonnance de V. M. qui a fait en 1670. un Tableau & une Liſte de tous les Conſeillers d'Eſtat, où Elle a voulu que les Ordinaires & les Semeſtres fuſſent placez ſans autre diſtinction que celle de leur Reception, & où le Sieur Poncet ſe trouve nommément aprés le Sieur de Villayer.

Et quand enfin, en 1673. V. M. a fait le Reglement general du Conſeil, & que l'article 9 porte que les Conſeillers d'Eſtat, ſoit qu'ils ſoient d'Egliſe, d'Eſpée ou de Robbe, n'auront rang que du jour qu'ils ſeront appellez au Conſeil, & y ſerviront actuellement, s'ils ne ſont Princes du Sang, Cardinaux ou Officiers de la Couronne.

Monſieur Poncet ne ſe tient-t'il pas encore bien condamné par cét article qui juge trois fois ſa conteſtation; Car ſoit qu'il veüille comparer le temps de ſa Reception avec celle du Sieur de Villayer, il y a tant à dire que vingt-quatre Maiſtres des Requeſtes ont eſté receus entre luy & le Sieur de Villayer, & il y a ſept ans de difference entre leur reception, ſoit qu'il veüille conſiderer le temps qu'il a eſté appellé au Conſeil, le Sieur de Villayer eſt bien long-temps devant luy, ſoit qu'il veüille s'attacher au ſervice actuel du Conſeil, le Sieur de Villayer a plus de douze ans devant le Sieur Poncet, & il ſçait bien que pendant tout ce temps, le Sieur de Villayer avoit l'honneur d'eſtre aſſis & couvert, qu'il ne rapportoit qu'en qualité de Maiſtre des Requeſtes.

Si le temps de la reception, ſi le temps du ſervice actuel ſont contre Monſieur Poncet: & ſi toute la diſpoſition de l'article le condamne; L'exception que V. M. a faite en faveur des grands du Royaume confirme encore ce jugement contre luy, qui n'eſt d'aucune de ces qualitez éminentes & ſublimes.

Il eſt donc vray de dire que puiſque le Sieur de Villayer & le Sieur Poncet ſont Officiers de Iudicature, ils doit ſuivre le rang de leur reception, l'article portant expreſſement que les Officiers de Iudicature n'auront point entr'eux d'autre Rang.

S'il eſtoit permis de raiſonner quand la Loy eſt faite, le Sieur de Villayer feroit voir aiſément la juſtice qui donne le rang au plus Ancien en reception.

Mais puiſque c'eſt affoiblir la Loy, que d'en chercher les raiſons qui ne peuvent jamais avoir tant d'auhorité que la Loy meſme, dont l'Office naturel eſt de commander & de ſe faire obeïr.

Il ſuffit au Sieur de Villayer d'avoir montré que l'objection que fait Monſieur Poncet, a eſté condamnée il y a cinquante ans, avec plus de cent Conſeillers d'Eſtat:

Et de dire que ſi c'eſt opiniaſtreté de ne pas acquieſcer comme ont fait tant de grands Perſonnages aux Iugemens que V. M. a donnés & aux Reglemens qu'Elle a faits; C'eſt bien de la temerité d'en conteſter tout de nouveau les diſpoſitions.

Si les Ordonnances ont pris tant de peine pour empeſcher que l'on ne pût revenir contre les moindres Sentences qui ont une fois paſſé en force de choſe jugée, connoissant combien il estoit important de ne pas souffrir que l'on renouvelât les affaires finies.

Si le prétexte du bien public & de l'équité a esté rejetté aprés six mois à l'égard d'un Arrest à cause des mauvaises consequences que l'on en pouvoit tirer; De quel poids ne doivent pas estre les fins de non recevoir qui se rencontrent icy, puisqu'elles viennent directement de la Iustice & de l'authorité de V. M. & des Rois ses predecesseurs, qui par des Déclarations publiques, ont jugé trois fois cette mesme question.

Qui peut entendre dire sans étonnement qu'aprés cent fois six mois (car depuis 1628. qui est la datte du Reglement de la Rochelle, jusques en 1678. il y a cinquante ans entiers) Monsieur Poncet prenne la hardiesse de renverser la Loy mesme qu'il a toûjours executée, & le Rang que tous Messieurs du Conseil observent encore inviolablement. Et ce qui est tres-remarquable, cét ordre naturel qui n'avoit point esté interompu ny receu d'atteinte pendant plus de mille ans.

Il y a deux preuves invincibles que les Conseillers d'Estat Ordinaires n'avoient jamais pretendu de preséance sur les autres Couseillers d'Estat, jusques en 1624. qu'ils essayerent d'en faire l'usurpation.

La premiere resulte de ce que les Ordinaires la demanderent en ce temps à Compiegne, ce qui marque certainement qu'ils ne l'avoient pas auparavant; car on ne demande point ce que l'on a & ce que l'on possede.

La seconde demonstration est aussi évidente que la premiere; car puisque dés aussi tost que cette surprise fut faite, tous les Conseillers d'Estat en firent plainte comme d'une nouveauté qui alloit contre le droit commun, qui n'a point admis de difference dans la dignité de Conseiller d'Estat Ordinaire & Semestre, Et que le feu Roy trois ans aprés, restablit les choses dans la premiere & naturelle égalité qui avoit esté perpetuellement observée entr'eux. On ne peut pas douter que les Ordinaires n'avoient jamais eu de préseance sur les autres, & que chacun gardoit le Rang de sa reception.

Et cela mesme est si vray que l'on a des Registres du Conseil de deux cens ans, où il se void que le troisiéme President du Parlement de Toulouse & un President de la Chambre des Comptes prenoient Rang devant le premier President du Parlement de Paris, parce qu'ils estoient Conseillers d'Estat plus anciens en reception que luy.

Par dessus toutes ces remarques, si V. M. vouloit permettre que l'on lui representast quelques raisons de la Loy qui donne le Rang au plus Ancien en reception, il seroit d'autant plus aisé qu'il n'y a point de sujet qui en puisse fournir en plus grand nombre, ny faire plus manifestement connoistre la foiblesse de la pretention de Monsieur Poncet.

Quand la question ne seroit pas jugée en faveur de l'Ancien en reception, on ne pourroit rien ordonner de plus juste.

VOSTRE MAJESTE' sçait que cette Loy si sainte & si naturelle de la prerogative & préseance qui est deuë à l'aisné au dessus de ses puisnés, & à l'Ancien en reception devant ceux qui ne sont venus qu'aprés luy, doit estre inviolable, & qu'elle est écrite dans le cœur de tous les hommes, aussi bien que dans les Registres des Compagnies & de toutes les familles particuliers.

Comme il n'y a point de Loy qui soit plus universelle, il n'y en a point qui soit plus juste & mieux receuë. On regarde avec plaisir l'honneur qui est deferé à l'Ancien, à l'Ancien, chacun mesme y prend part, & le reçoit en esperance pouvant y parvenir à son tour.

Au lieu que l'on voit avec peine celuy qui veut déplacer son Ancien ; parce qu'il luy fait outrage & qu'il offense tout le monde en sa personne, & que son entreprise est contraire aux regles de la justice & de l'honnesteté.

C'est pourquoy celuy qui n'obeït pas aux Loix qui trouve établies auparavant luy, & qui voudroit que V. M. en fit de nouvelles en sa faveur au préjudice d'autruy, & contre l'usage & les exemples, n'est point favorable & n'a les vœux de personne.

Voila, SIRE, l'Image veritable de la pretention de Monsieur Poncet, qui n'ayant receu sa Charge que sous la condition de suivre le rang de sa reception, change aujourd'huy de conduite pour son interest particulier; Et quand il pretend estre le Doyen de vostre Conseil sans en estre le plus Ancien, il veut ce qui n'a jamais esté, & ce qui est naturellement impossible.

Il a esté expliqué que le pretexte qu'il a pris de dire qu'il estoit Ordinaire & que le Sieur de Villayer estoit Semestre, luy est entierement inutile, puisqu'il ne s'agist pas en cette contestation de sçavoir qui aura la Charge de Monsieur de Lezeau; mais seulement qui aura le rang qu'il tenoit.

Le Sieur de Villayer a fait voir aussi que quand il s'agiroit de la qualité des Charges, cette difference d'Ordinaire & de Semestre ne seroit d'aucune consideration ; parce que c'est une question jugée & reglée par V. M. & que l'on ne revient point contre l'authorité des choses jugées, d'autant plus qu'elles ont esté executées volontairement, & qu'aprés cinquante ans de possession & de prescription qui auroient acquis sans aucun titre un droit incommutable, mesme pour toutes sortes de droits réels envers & contre tous ; Il n'y avoit point de raison de disputer un rang qui n'est qu'un droit personnel à celuy auquel on l'avoit toûjours cedé & qui en avoit joüy publiquement & paisiblement en consequence des Reglemens de V. M. en presence des premieres Compagnies du Royaume, de cinq Chanceliers ou Gardes des Sceaux, & de tout vostre Conseil.

Pour faire voir que tous les Conseillers d'Estat sont égaux en dignité.

C'EST une regle certaine que tous les Officiers qui gardent entr'eux le rang de leur reception sont égaux.

Par exemple, tous les Conseillers d'un Parlement sont de mesme qualité, le premier n'est pas plus Conseiller que le dernier.

Ce qui arrive au Conseillers se pratique entre les Maistres des Requestes, ils sont égaux entr'eux, le Doyen n'est pas d'une dignité differente des autres.

Il en est de mesme des Conseillers d'Estat, ils sont égaux & de pareille dignité: la preuve en est écrite dans l'article 9. du Reglement du Conseil de 1673. qui porte que, *les Conseillers d'Estat, soit qu'ils soient Prélats, Gens d'Epée ou de Judicature n'auront point d'autre Rang que celuy de leur reception.* La raison en est évidente c'est parce qu'ils sont de mesme dignité.

C'est pour cela que le Reglement de la Rochelle porte que le Conseiller d'Estat Ordinaire, n'aura aucune preséance sur les autres Conseillers d'Estat.

Ainsi il est constant que n'y la difference de la profession d'Eglise, d'Epée, ou de la Robe, ny celle du service d'Ordinaire ou de Semestre, ne constituënt point de difference qui change le Rang qu'ils doivent garder entr'eux ; & partant ils doivent venir au Doyenné les uns comme les autres par leur rang de reception.

Cela est si vray que Monsieur Poncet mesme ne s'est jamais pretendu d'un autre ordre ny d'une autre dignité que ses confreres : il n'a jamais songé à se prevaloir de ce qu'il est Ordinaire ; parce qu'il a bien connu que la forme du service de six mois ou de douze mois par an, ne faisoit point de difference.

Il n'y a entre les uns & les autres qu'une difference accidentelle du service, qui ne change rien à la dignité de Conseiller d'Estat, qui est le genre sous lequel tous les especes sont comprises : & le genre est toûjours un & égal, & la dignité & tous les Conseillers d'Estat est semblable.

D'où il s'ensuit que puisque le Doyen est celuy qui entre égaux de dignité est le premier, le Sieur de Villayer qui est l'Ancien en reception, à la justice & la regle generale pour luy.

Le service de tous est different, comme le rang l'est aussi ; mais la dignité est semblable.

Ils ont tous pour autheur & createur V. M. Elle a fait les Semestres aussi-bien que les Ordinaires de pareille dignité. Ils sont Enfans d'une mesme famille : Ils sont confreres, & peuvent parvenir les uns & les autres au droit d'ainesse, selon qu'il plaist a la providence divine de prolonger leurs jours.

Le Doyenné du Conseil n'est pas un titre particulier de dignité.

Comme il ne fait point celuy qui y parvient de differente qualité des autres Conseillers d'Estat, il s'ensuit que pour estre Doyen il ne faut point d'autre dignité que celle de Conseiller d'Estat ; il faut seulement estre le plus Ancien en reception.

Puisque le Conseiller d'Estat, soit Ordinaire soit Semestre, lors qu'il est admis au Conseil, ne prend que la derniere place, il s'ensuit qu'il ne doit venir à la premiere que par l'ordre de sa reception.

La dignité estant toûjours égale, tout Conseiller d'Estat peut estré également Doyen.

Si le Semestre & l'Ordinaire n'estoient pas d'une dignité égale, jamais le Semestre ne pourroit preceder l'Ordinaire, & les Ordinaires precederoient toûjours les Semestres : cela arriveroit en toutes les places & les rangs du Conseil, & n'arriveroit pas plûtost en la place de Doyen que de Sous-Doyen, qui s'acquierent l'un comme l'autre par la seule Ancienneté.

Le Reglement de 1628. celuy de 1670. & de 1673. ont decidé positivement cette question.

Monsieur Poncet a executé ces Reglemens, & acquiescé formellement à leurs dispositions par cent actes publics.

Celuy qui a soixante ans de service n'est pas de differente dignité que celuy qui n'a qu'un an de service. Comment se pourroit-t'il faire que Monsieur Poncet qui à moins de service que le Sieur de Villayer, fust d'une plus grande dignité que luy : Le plus ny le moins de service ne fait rien du tout qui puisse changer la dignité d'un Conseiller d'Estat, qui ne dépend pas de servir par quartier, par Semestre, ou pendant toute l'année.

Comment le Sieur Poncet pourroit-t'il estre Superieur du Sieur de Villayer, lequel il a toûjours suivi. Le Superieur va-t'il aprés son inferieur & s'en laisseroit-t'il preceder ?

Cela fait voir clairement que c'est assez si Monsieur Poncet se peut dire égal, & que s'il y avoit de l'inegalité à pretendre, le Sieur de Villayer auroit sujet de s'en glorifier au dessus de Monsieur Poncet qu'il n'a jamais veu qu'aprés luy.

Le Sieur de Villayer n'a pas besoin d'un autre avantage que de l'égalité de dignité, puisque la regle est qu'entre égaux en dignité, l'Ancien en reception est le premier & le Doyen, & c'est dequoy il est uniquement question.

On diroit cent choſes diverſes qui toutes prouveroient en cent manieres, qu'il n'y a point de difference de dignité entre les Conſeillers d'Eſtat, & qui feroient voir que le plus Ancien en reception, en eſt toûjours le Doyen.

On diroit que V. M. qui ordonne de toutes choſes avec une ſageſſe incomparable, n'a point fait de diſpoſitions differentes entre les Conſeillers d'Eſtat que pour leur ſervice. Parce qu'il n'y en avoit point d'autres à faire.

V. M. a jugé les Semeſtres & les Ordinaires tellement égaux qu'elle a voulu qu'ils fuſſent indiſtinſtement compris ſelon le rang qu'ils doivent tenir dans le meſme tableau qu'elle fit faire en 1670. & qu'ils connuſſent des meſmes affaires, parce qu'ils ont tous un caractere égal.

Il ne peut y avoir de preuve plus certaine de leur égale dignité que de voir que le Semeſtre; s'il eſt le plus Ancien, precede l'Ordinaire dans le ſervice & hors le ſervice, & au Conſeil & hors le Conſeil, & en toutes les Aſſemblées & ceremonies publiques & particulieres.

La qualité d'Ordinaire ne fait ny monter ny deſcendre; elle laiſſe chacun en ſa place comme le porte le Reglement de la Rochelle: Celle de Semeſtre n'empêche pas auſſi de monter de la derniere place à la premiere. En dix ans l'Ordinaire ſuccede vingt fois au Semeſtre, & vingt fois le Semeſtre prend le rang de l'Ordinaire.

D'où il s'enſuit que n'y l'Ordinaire ne ſe fait point de tort de prendre la place du Semeſtre, ny le Semeſtre n'entreprend rien pour prendre la place de l'Ordinaire.

C'eſt donc une difference imaginaire que Monſieur Poncet veut établir ſur la qualité d'Ordinaire & de Semeſtre.

On diroit que comme les Parlemens qui ont un exercice continu pendant toute l'année, ne ſont pas d'une autre dignité que ceux qui ſont deſervis par Semeſtre: L'Officier auſſi qui ſert par Semeſtre, n'eſt pas de moindre dignité que celuy qui ſert toute l'année. Perſonne n'a jamais penſé qu'un Conſeiller du Parlement de Pau, parce qu'il ſert toute l'année, ſoit de plus grande dignité qu'un du Parlement de Bretagne qui ſert par Semeſtre.

On diroit qu'il n'y a point au Conſeil entre vos Conſeillers d'Eſtat de qualité predominante, & qu'eſtans tous également illuſtres de la preſence Royalle, il ont tous une égale authorité.

Puiſque le Conſeiller d'Eſtat qui eſt Ordinaire peut eſtre le dernier, & aprés tous les Semeſtres; par la meſme raiſon le Semeſtre peut eſtre le premier & avant tous les Ordinaires.

Ce qui vient d'eſtre remarqué conclut par une infinité de démonſtrations que le Conſeiller d'Eſtat Semeſtre peut eſtre Doyen du Conſeil comme l'Ordinaire.

Perſonne n'eſt incapable d'eſtre l'Ancien, donc le Semeſtre peut eſtre Doyen comme l'Ordinaire.

Celuy qui peut eſtre Sous-Doyen peut eſtre Doyen, il n'y a point d'autre voye n'y d'autre moyen d'arriver à la premiere place que d'y venir par la ſeconde. Si le Sieur Poncet pouvoit ſauter de la troiſiéme place à la premiere, on y pourroit venir de la quatriéme, de la dixiéme & de la derniere, ce qui bleſſe l'imagination & la raiſon; parce que cela n'a jamais eſté, & l'on ne paſſe point par deſſus ſes Confreres pour leur faire injure: cela reſiſte à la juſtice & meſme à l'honneſteté.

On n'a point encore veu de Conſeiller d'Eſtat Doyen, qui en eût un autre devant luy.

Celuy qui n'eſt que le ſecond, par la ſeule raiſon qu'il eſt le ſecond, n'eſt pas le premier.

Puiſque le Conſeiller d'Eſtat Ordinaire peut eſtre le dernier, il peut bien n'eſtre pas le premier, & pour appliquer cette demonſtration préciſement au different qui ſe preſente, & meſme perſonnellment aux parties, c'eſt aſſez de dire que Monſieur Poncet peut bien eſtre le ſecond, puiſqu'il n'eſtoit que le troiſiéme; & le Sieur de Villayer peut bien eſtre le premier puiſqu'il eſtoit le ſecond; il peut bien encore préceder Monſieur Poncet, puiſqu'il l'a toûjours precedé.

V. M. a donné par une grace prevenante à tous les Officiers la faculté de ſucceder au rang de ceux qui les precedent, comme ils ſont tous appellez à la premiere place, ils y peuvent tous parvenir lorſque leur temps eſt arrivé. Et ſi le Conſeiller d'Eſtat Semeſtre eſtant le plus Ancien, ne pouvoit eſtre Doyen, il ſeroit tout ſeul privé *de cette grace originelle.*

L'Ancienneté qui éleve tous ſes Confreres l'abaiſſeroit, & ce qui eſt avantageux à tous les autres luy nuiroit.

La qualité d'Ordinaire n'avance ny ne retarde le temps, elle ne donne pas ſans doute l'Ancienneté ny le rang; Donc elle ne peut donner le Doyenné, qui n'eſt autre choſe que la preſeance & prerogative de l'Ancienneté.

Pour empêcher le Sieur Poncet de faire une demande ſi déraiſonnable, il devoit luy ſuffire de ſçavoir que V. M. qui fait & qui pourvoit à toutes les Charges, n'a jamais voulu faire un ſeul Doyen, parce que le Doyenné n'eſt pas une Charge, & que ce n'eſt qu'un rang & qu'un accident du temps. En faiſant toutes les Charges V. M. fait voir ſa Puiſſance, & en ne faiſant pas un ſeul Doyen, il fait voir ſa Iuſtice.

Comme V. M. ne fait perſonne Doyen, il n'empêche auſſi perſonne d'eſtre Doyen.

V. M. laiſſe aller les choſes ſelon leur cours ordinaire, & bien que tout depende de ce qu'il luy plaiſt, il n'a jamais voulu oſter le droit d'aîneſſe à celuy auquel il a eſté deſtiné pour le donner a un autre.

C'eſt pourquoy le Sieur de Villayer eſpere que puiſqu'il eſt le plus Ancien de voſtre Conſeil, V. M. trouvera bon qu'il joüiſſe du meſme avantage que tous les autres ont receu, & qu'ayant precedé quarante-cinq ans durant Monſieur Poncet, il continuë encore de le preceder pendant le peu de temps qui luy reſte à vivre.

Pour peu que Monſieur Poncet veüille attendre, il obtiendra juſtement du temps, ſans bleſſer l'ordre de toutes les Compagnies, & ſans violer les Reglemens de V. M. ce qu'il demande à preſent ſans raiſon & ſans juſtice.

Et s'il craint de ne pas ſurvivre le Sieur de Villayer pour parvenir à la premiere place, il ſe tourmente beaucoup pour peu de choſe; & aprés tout ſa crainte ne doit pas faire changer les ordres publics, s'il plaiſt à V. M.

Differentes raiſons & conſiderations pour faire voir que tout Conſeiller d'Eſtat peut eſtre Doyen.

PUISQUE la Regle qu'il a pleu à VOSTRE MAJESTÉ de donner à ſes Conſeillers d'Eſtat, pour les Rangs & Sceances qu'ils doivent garder entr'eux, eſt generale, & les comprend tous. Perſonne n'a droit de la limiter & de la reſtraindre. Et Monſieur Poncet ne doit pas douter que tout Conſeiller d'Eſtat ne puiſſe eſtre Doyen.

V. M. ayant appellé en ſon Conſeil des perſonnes d'Egliſe, d'Epée, de la Robe,

Robbe, & de Finances, & voulu qu'ils suivissent tous les ordres de leur reception ; il seroit bien estrange que Monsieur Poncet entreprist de disputer le Rang de Doyen ny aux uns ny aux autres, & qu'il les pretendist indignes de l honneur de la premiere place pour se l'attribuer.

Si tous les Conseillers d'Estat, de quelques ordres qu'ils soient, peuvent estre Doyens : Comment celuy qui sert par Semestre ne le sera-t'il pas. Si l'Officier de Finance peut-estre Doyen : comment l'Officier de Justice ne le pourroit-il pas estre.

Monsieur Poncet diroit-il qu'un Evesque, Un Gouverneur de Province, Un Secretaire d'Estat, qui parce qu'ils ne viennent que rarement au Conseil : Qu'un Controlleur General, parce qu'il ne vient point au conseil des parties, ne pussent estre Doyens.

Les Rangs ne dépendent pas du service perpetuel.

Il n'y a point d'Officiers dans une Compagnie, qui pour estre absent du Royaume, ne conserve son Rang, & qui ne puisse monter de la derniere place à la premiere ; parce que l'absence n'efface & ne change pas la datte de sa Reception, qui demeure toûjours telle & semblable qu'elle estoit.

La datte de la Reception establit si certainement le Rang de l'Officier, que la condition mesme apposée à la prestation de son serment de ne pouvoir opiner qu'aprés un temps, ne l'empesche pas de garder son Rang, & qui ne vienne au Doyenné du jour de sa Reception ; parce que la condition apposée dans un cas, ne s'étend jamais à un autre.

Un Officier interdit de la fonction de sa Charge pour quelque faute, ne perd pas son Rang : Celuy qui sert autant qu'il a droit de servir, n'a rien démerité ni fait aucune faute ; Et partant ne doit pas estre puny par la privation du Doyenné, qui est le rang le plus honnorable de sa Charge, où il arriveroit que l'innocent seroit plus maltraité que le coupable. On ne reproche jamais à celuy qui sert autant qu'il doit, qu'il n'a pas assez de service.

Si celuy qui est absent, & qui ne sert pas peut-estre Doyen, Si celuy qui est interdit & qui ne peut servir peut-estre Doyen ; sans doute celuy qui n'est absent ny interdit peut-estre Doyen.

Il y a bien des exemples d'Officiers qui n'avoient pas rendus en dix ans dix jours de service, qui n'ont pas laissé de devenir Doyens.

On n'a veu au Parlement un Conseiller devenir Doyen, qui auparavant n'avoit jamais entré en la grand Chambre.

On a veu au Conseil plusieurs fois, que ceux qui n'y avoient jamais servy actuellement, y sont devenus les premiers le mesme jour qu'ils y ont commencé leurs services.

Aprés cela, comment pourroit-on pretendre que le service continu, perpetuel, & non interrompu, fust necessaire pour devenir Doyen, & que ceux qui ne cessent leur service que pour le recommencer suivant les ordres de V. M. perdissent le droit qui leur est acquis.

On ne le doit pas dire des Conseillers d'Estat qui servent par Semestre, & qui ne discontinuent leur assiduité, que parce que V. M. le leur permet.

Aussi n'ont-ils jamais esté privez de leur rang, ny d'aucuns privileges de leurs Charges, dont ils ont toûjours joüy hors le temps de leur exercice, aussi-bien que quand ils ont esté en service ; & Monsieur Poncet ne devroit pas pretendre de leur oster le droit le plus honnorable, & le plus utile de leur dignité, lors que V. M. la leur conserve toute entiere.

Ce n'est pas le service ny la fonction qui donne le Rang, c'est l'ordre seul de la Reception, ce jour-là eſt la regle de tous les autres, & de toutes les ſceances de la vie.

Comme il n'y a point de difference entre la Reception & la preſtation de ſerment du Conſeiller d'Eſtat Ordinaire, ou du Semeſtre, il s'enſuit que l'un comme l'autre donne & conſerve le Rang ſuivant ſa datte.

Comme il n'y a point de Conſeiller d'Eſtat qui ne puiſſe devenir l'Ancien, il n'y en a point qui ne puiſſe devenir Doyen. La meſme raiſon qui fait un Sous-Doyen fait un Doyen.

Le Doyenné eſtant la récompenſe de l'ancienneté des ſervices; On ne peut pas dire que le Conſeiller d'Eſtat qui ſert par Semeſtre ne la doive pas recevoir auſſi bien que l'Ordinaire.

Puiſque le Doyenné eſt un don du Ciel, & un benefice de la Nature, par leſquels un homme ſurvit à tous ceux de ſa Compagnie, le Conſeiller d'Eſtat Semeſtre en eſt auſſi capable que l'Ordinaire.

Enfin le Doyenné eſt un Rang qui appartient à toutes les Charges, ou pour mieux dire, qui n'appartient à aucune Charge; mais à celuy qui eſt le plus ancien en Charge.

Ce Rang n'a rien de réel, ce n'eſt pas la Charge qui le poſſede, c'eſt la perſonne, d'où il s'enſuit que tout Conſeiller d'Eſtat peut eſtre Doyen.

Il a eſté dit cy-devant, & rien n'eſt plus veritable, que les Rangs ne ſont ny Semeſtres ny Ordinaires.

Au reſte, la qualité de Doyen eſt plûtoſt un nom de repos que d'action. C'eſt un loiſir honnorable & plein de dignité, & non pas un travail perpetuel, c'eſt une eſpece d'exemption de ſervice: Et en effet, il n'y a preſque point de Compagnie où le Doyen ne ſoit tenu pour preſent, d'où il s'enſuit que le Semeſtre qui ſe repoſe peut eſtre Doyen.

Si celuy qui ne vient point au Conſeil ne laiſſe pas d'eſtre Doyen; Celuy qui ſert reglement ſix mois tous les ans le peut eſtre.

Combien d'Officiers y ſont-t'ils parvenus lors qu'ils n'y ſervoient pas.

Puiſque l'on devient Doyen en ne ſervant pas: dira-t'on que l'on ne doit pas devenir Doyen lors que l'on ſert? On conſerve le Doyenné ſans ſervir, & Monſieur Poncet pretend que le Sieur de Villayer le doit perdre en ſervant, cela ſe contredit.

Monſieur Poncet veut que le temps qu'il n'a point ſervy au Conſeil, ou pour le moins où il n'a ſervy que comme Maiſtre des Requeſtes, le faſſe Doyen; Et il ne veut pas que le temps que le Sieur de Villayer a ſervy en qualité de Conſeiller d'Eſtat Ordinaire & puis comme Semeſtre, ne le conduiſe pas au Doyenné; Cette pretention eſt ſans juſtice & ſans raiſon quelconque.

Tout Conſeiller d'Eſtat peut eſtre Doyen, s'il devient le plus ancien: il eſt juſte que puiſqu'ils commencent tous par la derniere place, que de meſme auſſi ils finiſſent tous par la premiere.

Pour faire voir la conſequence de la pretention de Monſieur Poncet lors qu'il veut eſtre Doyen du Conſeil ſans eſtre le plus ancien.

IL eſt juſte premierement de conſiderer l'intereſt public, & enſuite celui des perſonnes differentes qui en ſouffriroient préjudice.

Et enfin l'injure perſonnelle que l'on feroit au plus ancien en reception que l'ordre des Loix appelle au Doyenné.

A l'égard du public, rien n'eſt plus important que de conſerver toutes choses dans leur ordre légitime. De faire observer la subordination si bien établie & si bien receuë.

De vivre sans innovation suivant les anciennes Loix dont on s'est toûjours bien trouvé. Et enfin d'obéir aux Reglemens de VOSTRE MAJESTE'.

Par la pretention de Monsieur Poncet tout est viollé. Tout est renversé. Il veut ce qui n'a jamais esté. Il veut estre l'Ancien quand il ne l'est pas. Il veut estre le premier lors qu'il n'est que le second. Il veut estre Doyen quand il y a un de ses Confreres devant lui. Il veut une Loy particuliere. Et introduire une nouveauté, sans aucune cause contre l'usage de toutes les Compagnies. De toutes les conditions & de toutes les professions, qui ont toûjours déferé l'honneur au plus ancien, & preferé si justement l'aisné à ses puisnez.

Monsieur Poncet veut enfin le contraire de ce qu'il a voulu toute sa vie. Le tout pour son interest particulier, & pour quelques émolumens qui sont attachez à la place de Doyen, qui n'est pas une raison honneste ni un sujet de changer ce que les Decrets de la Providence Divine. Et ce que la Loy de la Nature. Et tous les Reglemens des Rois, de toutes les Nations, & de tous les temps, ont établi & fait observer inviolablement.

Si ces raisons publiques sont considerables, l'interest du grand nombre de ceux qui en souffriroient n'est pas de moindre consequence. Douze des plus anciens Officiers de Justice du Royaume, qui sont (SIRE) vos douze Conseillers d'Estat qui servent par Semestre y perdroient le plus grand avantage de leur Charge. Leur dignité deviendroit inferieure à celle de Conseiller d'Estat Ordinaire, en les privant du Doyenné qui est le droit d'ainesse, On prononceroit contr'eux une exeredation honteuse, sans qu'ils ayent fai t aucune faute.

En troublant leur Rang, On pretendroit aprés que les Conseillers d'Estat que V. M. a pris dans l'ordre des Finances, qui sont Monsieur le Contrôlleur General & les Intendans, ne pourroient estre aussi Doyens: Et que puisque l'on l'auroit jugé contre douze Officiers de la Robbe, on le pourroit maintenir contre trois Officiers de Finances.

On passeroit à Messieurs les Secretaires d'Estat, qui sont de tous les Conseils, & on diroit que cet honneur ne leur peut donner celuy du Doyenné & de la premiere place, quand le Rang de leur ancienneté les y appelleroit; ce qui n'auroit point de raison.

On viendroit ensuite aux Prelats qui sont Conseillers d'Estat, contre lesquels on allegueroit la contestation pretenduë, que l'on dit qui leur est faite au Parlement pour la place de Doyen.

Et il ne faut pas douter que la breche estant faite; Et le Reglement de V. M. (qui a ordonné que tous les Conseillers d'Estat suivront le rang de leur Reception) ayant receu atteinte, On pretendroit qu'un homme d'Espée ne peut estre Doyen de vostre Conseil.

Et ainsi au lieu que vostre Conseil est composé des trois Ordres de l'Estat, on voudroit reduire & attribuer l'honneur de la premiere place à l'homme de Robbe seulement; Qui seroit en faisant injure au premier & au second Ordre, offenser tout le Conseil de V. M. & mépriser tout le Clergé & toute la Noblesse, Comme si pour estre en vostre Conseil le premier Conseiller d'Estat, il falloit necessairement estre Officier de Justice & de Robbe. Et cette pensée est si conforme à la contestation que fait aujourd'huy Monsieur Poncet, qu'il semble que cette suite seroit necessaire, & qu'il ne se faudroit pas surprendre, si celuy qui veut renverser tous les Rangs, donnoit lieu à confondre tous les ordres.

Aprés des considerations si importantes & pour le public & pour tant de personnes principales de tous les Ordres de l'Estat qui se trouveroient interessées par des consequences inévitables dans le changement que veut faire Monsieur Poncet à l'usage general du Royaume.

L'injure personnelle que souffriroit le particulier, fait faire au Sieur de Villayer une réflection, dans laquelle il espere que V. M. voudra bien entrer par cette bonté qui luy attire l'amour aussi-bien que le respect de tous ses Sujets, & que sa justice luy fera considerer combien il seroit douloureux au Sieur de Villayer, aprés avoir vécu si long-temps pour parvenir en la premiere place de vostre Conseil, d'y rencontrer au lieu de l'honneur qu'il s'estoit promis de recevoir, la dégradation la plus fâcheuse & la plus amere qui fust jamais.

En effet, ce seroit une estrange disgrace pour un ancien Officier, qui a employé toute sa vie à servir avec fidelité & avec zele, de se voir à l'extremité de ses jours, aprés celuy qu'il a precedé cinquante ans durant, & que l'un n'ayant rien fait pour perdre le Rang & la Dignité dont il est honoré, & l'autre n'ayant rien merité par dessus luy, le dernier triomphast de la confusion du premier, & de tous les ordres publics; & cela pour le seul avantage de Monsieur Poncet, & sans qu'il importe au bien de l'Estat, de la Justice, ny du service de V. M. qu'il soit plûtost Doyen qu'un autre.

Il n'y a nul inconvenient à ne rien changer & à ne rien faire, & à laisser les choses en mesme estat qu'elles ont toûjours esté.

Quand Monsieur Poncet demeurera aprés le Sieur de Villayer, apparemment de tous les Conseillers d'Estat, soit qu'ils soient Prelats, Gens d'Espée, ou de Judicature, pas un ne s'en plaindra & n'en sera surpris.

Monsieur Poncet mesme ne sçauroit rien trouver à redire d'estre où il a bien voulu estre. Si V. M. faisoit l'honneur à tous Messieurs les Maistres des Requestes, & à tous les Officiers de son Royaume, de leur demander ce qu'ils pensent de cette contestation, le Sieur de Villayer a tant de confiance en la justice de sa cause & en la leur, qu'il estime que pas un, mesme entre les Conseillers d'Estat Ordinaires, ne trouveroit la pretention de Monsieur Poncet, ni juste ni honneste. Aussi quoy qu'il dise qu'il agist pour eux, & que c'est l'interest commun de tous les Ordinaires qu'il deffend, pas un ne luy en a donné le pouvoir, ni voulu signer sa Requeste, & le Sieur de Villayer les en croiroit tres-volontiers.

Quand le Sieur Poncet veut estre Doyen sans estre le plus ancien, il veut ravir au Sieur de Villayer un tresor d'honneur qui luy couste toute sa vie pour l'acquerir: Il luy veut oster la couronne de ses longs services & de sa vieillesse, il luy veut faire outrage, au lieu qu'il ne perd rien de sa part.

Monsieur Poncet ne prend pas garde qu'il se tourmente beaucoup pour peu de temps, & il ne songe pas qu'il y va du bien & de la reputation d'autruy, & que ce qu'il demande se contredit. Que ce n'est pas la premiere place, mais la deniere de la vie, un triste present de la vieillesse. Que cette place est la messagere & la voisine de la mort: que si c'est une joye, elle est bien volatile, & qu'elle ne dure pas long-temps. Que le nom de Doyen enfin n'est qu'un nom qui n'a ni fonction ni authorité particuliere, ni distinguée de tous les autres Rangs du Conseil, qui ne preside jamais. Que s'il pense devenir par ce moyen la teste du Conseil, il se trompe assûrement, n'y ayant que V M. qui soit la teste de son Conseil, & que Monsieur le Chancelier seul qui en soit à la teste & qui en ayt la direction & la presidence.

Que si Monsieur Poncet faisoit ces reflexions, il n'auroit pas tant fait de fondement

fondement sur la qualité d'Ordinaire, puisqu'il n'est pas plus necessaire que le Doyen soit toûjours au Conseil, que le Sous-Doyen & les autres Conseillers d'Estat.

Tous les Privileges du Doyen se reduisent à estre assis le premier, ce qui fait voir qu'il n'y a nul inconvenient, qu'il ne serve pas toûjours ? Quel prejudice est-il arrivé, de ce que Monsieur de Lezeau n'entroit plus, ou presque point au Conseil depuis huit ou dix ans.

Tous les Conseillers d'Estat sont Doyens en l'absence les uns des autres, comme il arrive en toutes les Compagnies.

Si le service perpetuel d'un President dans les Parlemens n'est pas necessaire, le service perpetuel du Doyen l'est encore moins.

S'il n'y a point de necessité pour estre Conseiller d'Estat de servir toute l'année, Il n'y a point aussi de necessité de servir perpetuellement pour estre Doyen.

S'il n'y a point de necessité en celuy qui l'a esté, il n'y en peut avoir en celuy qui le sera.

Ainsi V. M. voit qu'il n'y a ny loy, ny raison, ny necessité, ny inconvenient. Et que tout ce que dit Monsieur Poncet, n'est que par habileté d'esprit, & qui ne sçauroit neantmoins tromper personne ; & encore moins surprendre V. M. que tous les autres, puis qu'Elle les surpasse autant par la vivacité de ses lumieres, & par la solidité de sa raison, que par sa puissance, par sa sagesse, par sa bonté, par son honnesteté, & enfin par la justice de ses jugemens, qui le rendent le plus grand, le plus triomphant, & le plus juste Roy du Monde.

Pour répondre à toutes les Objections que Monsieur Poncet pourroit faire sur la qualité de Conseiller d'Estat Ordinaire & Semestre.

IL n'est pas mal-aisé d'establir qu'il n'y a point d'Officiers qui ne soient Ordinaires, & comme la question se presente entre des Officiers qui ont l'honneur d'estre de la Maison de V. M. on peut faire voir par les exemples propres des Officiers qui servent prés de sa Personne ; Que la maniere du service qu'ils rendent soit par quartier, soit par Semestre, soit par année, ne les empesche pas d'estre Ordinaires.

Personne n'a jamais contesté que Messieurs les premiers Gentishommes de la Chambre, & Messieurs les Capitaines des Gardes ne soient pas Officiers ordinaires de la Maison de V. M. parce que les uns ne servent que par quartier, & les autres ne servent que de quatre années l'une : Les Ordinaires de V. M. ne servent que par Semestre : Messieurs les Maistres des Requestes sont ordinaires, bien que leur service soit divisé par quartier.

Comme on ne peut penser raisonnablement le contraire, c'est de mesme une illusion manifeste que de pretendre par Monsieur Poncet que les Conseillers d'Estat qui servent par Semestre, ne sont pas Ordinaires, puis qu'ils le sont veritablement, comme ceux qui servent toute l'année, ou bien ils seroient tous seuls dans la Maison de V. M. d'une condition particuliere & plus malheureuse que tous les autres.

Cependant, SIRE, voila le fondement seul sur lequel Monsieur Poncet a bâty toutes les grandes objections qu'il a fait.

Mais ce n'est pas seulement par les exemples de la Maison de V. M. qu'elles sont detruites, on peut ajoûter qu'il n'y a point d'Officiers dans le Royaume qui ne soient Ordinaires, de quelque sorte & maniere qu'ils rendent leurs services.

Ce n'est pas le service qui fait l'Officier, c'est au contraire l'Officier qui fait service.

Le mot d'Ordinaire n'est opposé qu'au mot d'Extraordinaire, il ne signifie pas seulement celuy qui sert toûjours, il s'applique tres-proprement & tres-justement à celuy qui sert d'Ordinaire ou ordinairement de temps en temps.

La qualité d'Ordinaire appartient à tous les Conseillers d'Estat, dont les uns servent d'ordinaire de six mois en six mois : Ils sont Conseillers d'Estat toute l'année, quoy qu'ils ne soient pas de service toute l'année : Ils sont toûjours du Conseil, quoy qu'ils ne soient pas perpetuellement dans le Conseil.

La discontinuation du service ne fait pas la privation de la qualité.

Les titres ont leurs effets permanens, & ceux qui en sont revêtus conservent les qualitez qu'ils impriment, encore qu'ils soient hors du temps dans lequel ils en exercent les fonctions, si cela n'estoit pas, il faudroit de nouvelles Lettres aux Officiers, quand ils reviendroient au Semestre ou en quartier.

Et pour faire voir que la difference du plus ou du moins de service ne change rien en la qualité de l'Officier, c'est que le droit de veteran & d'honoraire, qui n'est produit que par un service de vingt ans, s'acquiert aussi bien par les Officiers qui servent par quartier ou par Semestre, que par ceux qui servent toute l'année.

Cela fait bien voir, que si le temps que l'Officier ne sert pas luy est utile pour acquerir les mesmes honneurs que ceux qui servent actuellement, il s'ensuit que dans le temps qu'il sert, il a les mesmes droits & les mesmes avantages, & qu'il peut estre par consequent Doyen comme les autres.

Si lors qu'un President ou un Conseiller d'une Compagnie qui sert par Semestre, sort d'exercice, il cessoit d'estre Officier, il ne pourroit ny en prendre la qualité, ni en faire aucune fonction, ni disposer de cette Charge qu'il n'auroit plus. Quand il reviendroit en service, il luy faudroit des provisions nouvelles, & un autre prestation de serment; il perdroit son rang, lequel auroit esté interrompu. Le temps qui est necessaire pour entrer en d'autres Charges, ne courroit que pour la moitié de l'année : Bref, il y auroit des consequences infinies, si toutes les Charges & tous les Officiers n'estoient pas Ordinaires, comme le pretend Monsieur Poncet.

Mais jusques à present il est le seul qui l'ait disputé : les Charges sont si bien ordinaires & perpetuelles, qu'elles ne vaquent que par mort, resignation, forfaiture, ou destitution.

Quoy que cette raison generale qui regarde tous les Officiers du Royaume, & les exemples des Officiers de la Maison de V. M fassent voir précisément que ceux qui servent par Semestre sont ordinaires, encore qu'ils n'en fassent pas la fonction toute l'année.

Le Sieur de Villayer en a une autre particuliere, il est Conseiller d'Estat Ordinaire par ses Lettres, il a servy actuellement en qualité d'Ordinaire plus de douze ans avant que le Sieur Poncet prist place au Conseil ; Ainsi il n'est pas seulement l'ancien en reception de Monsieur Poncet, il l'est encore en qualité d'Ordinaire & dans le service actuel.

On ne peut pas dire, que lors que V. M. en 1657. retint seulement les douze Anciens pour servir d'Ordinaires toute l'année, qu'elle ayt osté la qualité de Conseiller d'Estat Ordinaire aux autres.

Mais seulement qu'elle reduisit leurs services à six mois par an, pour faciliter une plus grande expedition des affaires, sans diminuer le nombre de ceux qu'elle vouloit honorer de la qualité de Conseiller d'Estat.

Comme lors que V. M. a voulu que les Maistres des Requestes n'entrassent point hors leur quartier, elle n'avoit pas entendu leur oster la qualité de Maistre des Requestes Ordinaire : Elle n'a pas aussi voulu par cette mesme restriction, oster la qualité d'Ordinaire à ses Conseillers d'Estat qui l'estoient & qui servent actuellement, & il ny a nulle apparence, puisque par les articles 6. 7. & 8. de son dernier Reglement, Elle a laissé la qualité de Conseiller d'Estat Ordinaire, aux Maistres des Requestes qui en ont des Lettres, au Secretaire du Cabinet, au premier Medecin. Et qu'enfin des personnes qui ne servent point ont cette qualité d'Ordinaire.

Lorsque V. M. a fait des Conseillers d'Estat pour le servir toute l'année, Elle n'a pas entendu leur donner une place au dessus de ceux qui estoient plus Anciens qu'eux, & qui les avoient veu raporter comme Maistres des Requestes, pendant qu'il avoient l'honneur d'estre assis & Couverts, & cela est si vray qu'ils n'ont jamais eu de seance qu'aprés eux, & qu'ils en ont toûjours esté précedez & presidez.

Ce qui montre bien que V. M. n'a point eu la volonté ny l'intention de leur donner le droit d'exclure de la premiere place ceux qui y seroient appellez par leur Ancienneté, autrement la grace qu'ils recevoient, eust esté un grand préjudice aux autres, ce que la bonté & la justice de V. M. ne veulent jamais faire.

A ces raisons generales & particulieres, le Sieur de Villayer en ajoûtera une par la permission de V. M. que puisqu'il n'y a point de Compagnie où le Doyen pour recompense de ses longs services, ne joüisse de tous les honneurs que peuvent avoir ses Confreres, & qui mesme n'ayt par dessus les autres quelque prerogative particuliere.

V. M. voudra bien que le Sieur de Villayer estant le plus Ancien Officier de vostre Conseil, ayt au moins les mesmes avantages qu'ont ceux lesquels y sont entrez si long-temps aprés luy, qu'il y a des Conseillers d'Estat Ordinaires qui n'estoient pas encor nez, que déja le Sieur de Villayer avoit l'honneur de servir en vostre Conseil.

Il seroit bien malheureux de ne pouvoir acquerir au prix de sa vie, ce qui a cousté si peu de temps à beaucoup d'autres.

V. M. qui prend tant de plaisir à donner des Recompenses & à faire des Graces, a si bien marqué la justice qu'elle vouloit rendre aux Anciens, que le Reglement qu'elle fit en 1657 porte que les douze Anciens du Conseil rempliront les douze places d'Ordinaires.

D'ou l'on peut croire raisonnablement que si V. M. a voulu que celuy qui mesme n'estoit que le douziéme fust Ordinaire, (preferant à lors sa justice au choix qu'elle pouvoit faire,) il est impossible de douter que V. M. n'ayt entendu que celuy qui seroit le premier de vostre Conseil deviendroit par le droit de l'ancienneté Ordinaire, & auroit l'honneur de servir toute l'année, comme il arrive au Doyen des Maistres des Requestes, que V. M. a fait par la seule raison de son ancienneté, Conseiller d'Estat Ordinaire dés le moment qu'il devient le premier de sa Compagnie ; Ce qui fait bien voir que si cette qualité de Conseiller d'Estat Ordinaire est attachée à celle de Doyen des Maistres des Requestes, elle ne peut estre separée de celle de Doyen de tout vostre Conseil, qui est sans contestation d'un ordre superieur à la Compagnie des Maistres des Requestes.

Cette Grace est si juste qu'elle est sans envie & sans consequence, ce qui peut-estre n'est jamais arrivé & ce qui apparemment n'arrivera jamais ne peut faire prejudice à personne.

Cette Grace est fondée en exemple & en raison, elle évite l'injure que l'on pretend faire à l'Ancien & à tous les Conseillers d'Estat Semestres, elle conserve l'ordre general des Compagnies ou le plus Ancien en a tous les avantages; Tout le monde est obligé de la faveur qui est faite à l'Ancien, chacun esperant & pouvant y parvenir.

Cette Grace ne fait tort à personne, puis qu'elle ne donne à l'Ancien que le mesme rang qu'il possede.

Si les Princes & les Grands du Royaume n'ont jamais osté la qualité de Doyen ni au Parlement ni au Conseil, à celuy qui l'est, comment Monsieur Poncet l'a-t'il entrepris.

Mais il ne peut y avoir de question ici, ni d'inconvenient, en laissant les choses dans l'ordre où elles ont toûjours esté; car ou le Sieur de Villayer & le Sieur Poncet se trouveront ensemble, ou ils ne s'y rencontreront pas.

Quand le Sieur de Villayer ne sera pas au Conseil, il ne sera pas devant le Sieur Poncet; Et lors qu'il s'y rencontrera, le Sieur de Villayer le precedera comme il a fait toute sa vie, s'il plaist à V. M.

La qualité d'Ordinaire n'a jamais donné la preseance; La qualité d'Ancien n'a jamais manqué de la donner.

Enfin la preseance & le Doyenné n'ont jamais esté separez, entre les Conseillers d'Estat; C'est par cette raison que ceux qui servent par Semestre, esperent de la justice & de la grace de V. M. qu'elle voudra bien ne rien changer à un ordre qui subsiste depuis l'establissement du Conseil, estant impossible de conclure que par ce qu'un Conseiller d'Estat sert toûjours, il doive estre Doyen du Conseil, non plus que parce qu'il est Doyen il doive necessairement servir toûjours.

T

Pour montrer comment les Conſeils du Roy ſe ſont gouvernez depuis prés de deux-cens ans.

IL eſt certain que tous les Conſeillers d'Eſtat, autrefois eſtoient départis en trois Claſſes, pour ſervir chacun quatre mois, & que cela a duré juſques en l'année 1624. Nous en avons des départemens qui en ont eſté faits pendant plus de cent ans, ſous le Regne de cinq ou ſix Roys.

Dans tous ces temps-là, on ne peut douter qu'il n'y ait eu un Conſeiller d'Eſtat plus ancien que les autres, qu'on pouvoit appeller dans cette ſignification Doyen du Conſeil; & qu'il n'y ait eu dans chaque Semeſtre un Ancien de ſon ſervice, qui n'a pas empeſché qu'il n'y en euſt un qui fuſt le plus Ancien de tous.

De cét exemple, il s'enſuit que puiſque l'on eſtoit Doyen, en ne ſervant que quatre mois; On peut à plus forte raiſon l'eſtre à preſent, en ſervant ſix mois.

L'on n'a jamais dit que le Doyenné s'acquiere ny qu'il ſe conſerve par un ſervice continuel & non interrompu; mais par l'ancienneté de la reception qui a ſervy juſques à preſent à donner tous les rangs, & qui eſt la regle generale que l'on ſuit en toutes les Compagnies, & que V. M. a preſcrite à ſes Conſeillers d'Eſtat par tous ſes Reglemens, qui portent expreſſément que ſoit qu'ils ſoient Prélats, gens d'Epée ou de Judicature, ils n'auront rang que du jour qu'ils ſeront appellez au Conſeil; Et que ceux qui auront la qualité d'Ordinaire ne pourront pretendre la ſeance ſur tous les autres Conſeillers d'Eſtat.

Et cela eſt bien juſte; car puiſque la difference de la Profeſſion & de l'Ordre ne fait aucune difference pour les rangs; On ne pouvoit pas douter qu'une qualité accidentelle de plus ou de moins de ſervice d'euſt faire changer un rang qui vient purement du jour de la datte de la reception.

Ainſi, quand Monſieur Poncet ſe veut ſervir de la qualité d'ordinaire pour conclure qu'il doit avoir le premier rang; il s'oppoſe directement à l'execution des Reglemens de V. M. & ſuppoſe que les rangs peuvent eſtre Ordinaires ou Semeſtres, ce qui n'eſt pas.

S'il y avoit quelque Loy, par laquelle V. M. euſt dit que les rangs ne ſe pourroient acquerir par l'ancienneté de la reception, & qui le Sieur de Villayer vouluſt fonder ſa preference ſur ſon ancienneté; il eſt ſans doute que Monſieur Poncet ne manqueroit pas de la luy oppoſer, & de traiter ſa pretention d'ineptie.

Cela fait voir ce que l'on peut dire de l'entrepriſe de M. Poncet qui fonde ſa preference ſur ſa qualité d'Ordinaire, que quatre Reglemens de V. M. ont decidé ne pouvoir donner lieu à pretendre le Doyenné, ny aucune preſceance.

Pour montrer comment les Conseillers d'Estat servoient autrefois : Voicy un exemple du département qui en fut fait en l'année 1584.

Pour les mois de Septembre, Octobre, Novembre, & Decembre.	*Pour les mois de Ianvier, Février, Mars & Avril.*	*Pour les mois de May, Iuin, Iuillet, & Aoust.*
De Robe longue.	De Robe longue.	De Robe longue.
Les Sieurs,	*Les Sieurs,*	*Les Sieurs,*
De Lenoncourt. L'Evesque d'Auxerre. L'Evesque de Nantes. De Faucon.	Evesques de Paris. De Bellievre. Archevesque de Lyon. De Chastelliers.	De Foix. De Pibrac. Archevesque de Vienne. Evesque de Langres. Miron.
De Robe courte.	De Robe courte.	De Robe courte.
Les Sieurs,	*Les Sieurs,*	*Les Sieurs;*
De Chavigny. De la Vauguion. D'Estrée. De Combault. De Ramboüillet. D'Abram.	De la Chapelle aux Usins. De Malicorne. De la Motte Fenelon. De Schomberg. De Cerny,	De Puigaillard. De Pons. De Maintenon. Des Cars. De Beaufort. De Saint Joüart.

Fait à Saint Maur des Fossez, le quatriéme May 1584. *Signé*, HENRY. *Et plus bas*, DE NEUVILLE.

En ce temps-là il y avoit un Doyen du Conseil, ou il ny en avoit point.

S'il n'y avoit point de Doyen, il n'y en a point encore, & le Sieur Poncet dispute pour avoir une chose qui n'est point.

Et s'il y avoit un Doyen du Conseil, l'on le devenoit en ne servant que quatre mois; d'où il s'ensuit à plus forte raison que l'on le peut estre lors que l'on en sert six.

Mais enfin, s'il y avoit un Doyen ; Ce mot ne vouloit dire que le plus Ancien, & par consequent il ne veut encore dire à present que le plus Ancien.

Comment donc le Sieur Poncet, qui n'est pas l'Ancien, pourroit-t'il estre Doyen?

Extraict

Extraict du Reglement de Compiegne du premier Iuin. 1624.

LE Roy ordonne qu'avec Monſieur le Garde des Sceaux & Monſieur le Marquis de la Vieuville Sur-Intendant des Finances, les Sieurs de Chaſteauneuf, de Champigny, Controlleur General des Finances, de Roiſſy, Bullion, Biſſeaux, du   de Leon, & de Marillac, *ſerviront ordinairement*, *& leſquels comme Ordinaires precederont* en tous Conſeils les autres Conſeillers qui ſont de preſent, ou auront par cy-aprés l'entrée en ſes Conſeils.

Et en cas que Sa Majeſté appelle cy-aprés quelques autres pour eſtre Ordinaires en ſes Conſeils, *ils n'auront rang & ſceance que du jour qu'ils y ſeront appellez*, encores qu'ils euſſent preſté le ſerment auparavant.

Serviront auſſi par Semeſtre, ſçavoir en celuy de Ianvier, les Sieurs Fouquet, Viguier, Aubry, Ribier & *Aligre.* Et en celuy de Iuillet les Sieurs *Fremiot* Ancien Archeveſque de Bourges, le *Bret*, Ollier, Barentin & Rochechabert.

Outre tous leſquels cy-deſſus dénommez ſerviront auſdits Conſeils, chacun par l'eſpace de quatre mois, à ſçavoir au ſervice de Ianvier les Sieurs de Trelon, Grangier, Fiefbrune & Gueffier.

En celuy de May, les Sieurs Lavocat, Caumartin, *Chaumont* & du Maurier.

Et en celuy de Septembre les Sieurs Pericard, de la Poterie, Boiſſeſe, Tonnellier & de Leſongeres.

Leſquels enſemble ceux du ſervice de ſix mois auront entrée & ſeance auſdits Conſeils reſpectivement *ſelon l'ordre porté* par leur Brevet de Sa Majeſté du 12. Octobre 1602.

Les Maiſtres des Requeſtes s'eſtant défaits de leurs Charges lorſque Sa Majeſté les appellera en ſon Conſeil, Elle trouve bon que ceux deſdits Maiſtres des Requeſtes qui ont eſté honorez des Brevets de retenües de Conſeiller d'Eſtat, qu'ils ayent leur entrée & ſeance du jour de leur dit ſerment. Mais ne pourront préceder ceux qui ſeront Ordinaires pour toute l'année. *Notà.*

Ce Reglement a eſté aboly par celuy de 1628. & par ceux de 1657 1670. & 1673.

Par là il paroiſt qu'il n'y avoit point de Conſeillers d'Eſtat qui ſerviſſent ordinairement toute l'année avant 1624.

Il paroiſt encore que s'il y avoit eu des Ordinaires diſtinguez des autres, ils n'auroient nulle preſeance ſur eux; car s'ils avoient eu la preſeance, ils ne l'avoient pas demandée: On ne demande pas ce que l'on a.

Il paroiſt ſemblablement que s'ils avoient eu le droict d'eſtre Doyens ſeuls à l'excluſion des autres; on l'auroit revoqué par l'Edit de 1628. qui détruit entierement le Reglement de Compiegne.

Extrait du Reglement fait à la Rochelle le troisiéme Ianvier mil six-cens vingt-huit.

LE Roy interpretant le Reglement de Compiegne, ordonne que ceux qui seront appellez au Conseil, pour y servir comme Ordinaires, ayent Rang & Seance au Conseil, du jour qu'ils l'avoient auparavant, sans qu'en consequence de la clause portée par ledit Reglement de Compiegne, ils puissent pretendre la Préseance sur tous les autres en qualité d'Ordinaires.

SIRE,

Ce Reglement décide precisément que la qualité de Conseiller d'Estat Ordinaire, ne donne point de préseance sur les autres Conseillers d'Estat, d'où il s'ensuit que le Sieur Poncet ne peut estre Doyen avant son rang.

Pour entendre le sujet de ce Reglement, VOSTRE MAJESTE' remarquera, s'il luy plaist, que depuis l'establissement du Conseil, qui est aussi ancien que la Monarchie, dans le nombre infiny de tous ceux que les Roys avoient honoré de la dignité de Conseiller d'Estat, pendant plus de douze-cens ans, personne jusques en 1624. n'avoit entrepris de violer la regle generale des Rangs qui suivoient l'ancienneté de la reception.

Mais comme les meilleures Loix se corrompent par le temps, quelques Conseillers d'Estat se servant du credit qu'ils avoient, obtinrent, ou plûtost surprirent en 1624. à Compiegne, sous le Ministere de Monsieur le Chancelier d'Aligre, de se faire nommer pour servir ordinaîrement, & qu'ils precederoient comme Ordinaires, tous les Conseillers d'Estat.

Cette prerogative & préseance attribuée aux Ordinaires contre le droit commun, fut dés lors trouvée si préjudiciable à tous les autres Conseillers d'Estat, que chacun s'en plaignit: Et ces plaintes furent trouvées si justes & si raisonnables, aprés avoir esté examinées par les plus grands personnages de ce temps-là, & entr'autres par Monsieur le Cardinal de Richelieu, ce Ministre si sage & si penetrant dans ses Conseils; Que sur la remonstrance qu'ils firent de la consequence qu'il y avoit de changer l'ordre de toutes les Compagnies pour favoriser quelques particuliers contre l'interest du public.

Le feu Roy, de tres-glorieuse memoire, connoissant combien il estoit important de conserver les anciennes Loix qui ont pris leur fondement dans le droit naturel, & qui ont esté consacrées par le temps en tous les siecles; revoqua cette nouveauté si mal introduite, & d'un si mauvais exemple, & rétablit l'ancien usage des Rangs, suivant la datte de la reception, comme il avoit esté pratiqué dans tous les temps précedens; lequel ordre a toûjours depuis esté observé, & l'est encore presentement.

Et quand Monsieur Poncet fit effort il y a quatre ou cinq ans de faire revivre cette pretention, tout le monde remarqua qu'il prenoit beaucoup de confiance en son credit, & qu'il sembloit qu'il y eust quelque fatalité dans l'entreprise des Ordinaires, qui n'estoit jamais arrivée que pendant le temps de Messieurs les Chanceliers d'Aligre, dont le premier l'avoit veu naistre à Compiegne, & le second la voyoit renouveller cinquante ans aprés.

Mais sans s'arrester à ces vaines fatalitez qui ont si peu de solidité, n'en déplaise à ceux qui avoient basti sur ce fondement, & qui en avoient fait le principal appuy de leur entreprise; ils devoient reconnoistre que comme il n'appartient qu'à la puissance seule de V. M. de prescrire & d'ordonner le rang que chacun de ses Conseillers d'Estat devoit garder.

Ce n'estoit aussi qu'aux seul decrets de sa justice, qui est toûjours constante & perpetuelle, qu'ils se devoient arrester; & puisque jamais sa puissance ne détruit sa justice, ils n'avoient aucune raison d'esperer qu'ils pussent faire changer l'ordre de la Declaration du feu Roy de 1628. & les Reglemens de 1670. & 1673. de V. M. avoient si sagement résolu par ses Conseils des plus grands & des plus éclairez Ministres de l'Estat.

Et neantmoins c'est ce que ledit Sieur Poncet entreprend quand il veut renouveller une contestation si solemnellement terminée, pour reprimer les desirs ambitieux de ceux qui s'estoient voulu eslever au dessus des regles, comme il fait à present.

Il faut que le Sieur Poncet soit persuadé d'une consideration extraordinaire en sa personne, pour tenter des actions semblables.

Et qu'il croye V. M. susceptible de changement en une mesme affaire, sans que le temps ni aucune circonstance y ait causé de la difference. Il y a bien plus de lieu d'esperer que puisqu'il n'importe point au service de V. M. ni au public, que ledit Sieur Poncet soit Doyen plûtost qu'un autre; que V. M. dont les graces ne sont jamais préjudiciables à personne, ne changera rien en ces décisions, & qu'il n'ostera pas au Sieur de Villayer la place de Doyen de vostre Conseil, pour la donner à un autre, puisque cette qualité est déferée à l'ancien par l'usage & par toutes les Ordonnances, & qu'il y est appellé par la voye du Ciel, & l'ordre de la nature.

Reglement de la Réformation du Conseil, fait le 3. May & publié le 5. May 1657. Sa Majesté y estant.

LE ROY voyant combien la multitude de ceux qui ont esté admis en ses Conseils d'Estat, des parties, & de la direction de ses Finances, mesme avec le *titre d'Ordinaire*, est prejudiciable à son Estat & à son service, & contraire à la dignité de la premiere Compagnie du Royaume; *qui doit estre honorée bien souvent de la presence de Sa Majesté, & servir d'exemple & de regle à toutes les autres:* Outre que sous pretexte du service que rendent les Conseillers ausdits Conseils, plusieurs sont payez de leurs gages comme Ordinaires sur le pied de six mille livres par an; ce qui cause une charge excessive à ses Finances, de laquelle il est tres-important de s'exempter dans la necessité presente de ses affaires, causée par la longueur de la guerre: Sa Majesté aprés s'estre fait representer les Reglemens faits par les Rois ses Predecesseurs pour leurs Conseils, notamment par le feu Roy de glorieuse memoire son pere, & desirant à leur exemple apporter un bon ordre à ses Conseils, qu'ils puissent estre rétablis en leur ancien lustre & splendeur, en commençant par la reduction de ceux qui y ont entrée presentement, & par le choix dA'ucuns d'entreux qui serviront à l'advenir.

Sa Majesté entend & ordonne que dans ses Conseils d'Estat, des parties &

des Finances, il y ait douze Conseillers Ordinaires & quatorze Semestres, lesquels douze Ordinaires & quatorze Semestres seront nommez au Roolle que Sa Majesté en a fait expedier ce jourd'huy, & en outre qu'il y ait trois Ordinaires d'Eglise & trois d'Epée, lesquels Sa Majesté se reserve de nommer, & que les Conseillers *Ordinaires & Semestre prennent entr'eux le rang & la sceance*, qui leur appartiennent du jour & datte de leur Brevet, ou Lettres, & de la prestation de leur serment, suivant les Reglemens qui ont esté faits cy-devant.

Nota. *Rang égal des Ordinaires & des Semestres.*

Vacation advenant desdites *places* d'Ordinaires & Semestres, Sa Majesté les remplira de ceux qu'elle voudra choisir ceux qui ont déja *servy dans ses Conseils*, sans que ledit nombre de *douze* Ordinaires & quatorze Semestre, & de trois Ordinaires d'Eglise & trois d'Epée puisse estre excedé.

Le *Doyen* des Maistres des Requestes, & le plus Ancien des Maistres des Requestes de chacun quartier, auront sceance audits Conseils, ainsi qu'ils l'ont eu jusques à present.

Les Tresoriers de l'Epargne chacun en l'année de son exercice auront entrée & sceance au Conseils de Finance & de direction : Le Tresorier des parties casuelles en exercice, y aura entrée lorsqu'il s'agira de taxer des Offices : Les Secretaires du Conseil des Finances auront entrée ausdits Conseils, & les Greffiers au Conseil des parties en iceluy chacun en leur quartier, & lesdits Tresoriers, Secretaires & Greffiers hors des années de leur exercice, & du temps de leur quartier de service, n'entreront point audits Conseils si ce n'est qu'ils eussent quelque chose importante au service de Sa Majesté, ou du devoir de leurs Charges à y faire entendre, aprés quoy ils en sortiront.

Gages & Apointemens égaux aux Ordinaires & Semestres.

Les gages des Conseillers Ordinaires & Semestres seront payez à raison de quinze cens livres pour chacun d'eux, faisant trois quartiers sur le pied de deux mil livres, seulement pour l'année entiere, & neanmoins en consideration de leur service, Sa Majesté leur fera payer pendant le temps qu'ils serviront actuellement trois cens livres par mois par forme d'appointement extraordinaire.

Veut Sa Majesté qu'il ne soit payé aucuns gages aux Conseillers d'Estat qu'il luy plaira d'en gratifier, de quelque qualité & condition qu'ils soient, si ce n'est à ladite raison de quinze cens livres pour chacun, pour trois quartiers sur le pied de deux mil livres par an, comme par le passé.

Et à l'égard du Conseil de la direction des Finances, Sa Majesté ayant consideré, qu'il est tres-necessaire pour son service & pour la décharge de ses Finances, de regler le nombre de ceux qui y assistent ; Entend & ordonne qu'à l'avenir il n'y aura que les Directeurs & les Intendans des Finances, qui ayent entrée & sceance audit Conseil de direction, ayant resolu de supprimer six desdites Charges, des douze Intendans, qui sont à present en fonction, & se reservant à l'égard du Controlle general des Finances, d'y pourvoir par un bon Reglement ; & cependant d'autant que les deux Controlleurs Generaux & douze Intendans estant à present en charge ont financé aux coffres de Sa Majesté, Elle veut & entend qu'ils continuënt d'exercer leurs Charges, d'entrer audits Conseils des Finances & direction, & qu'ils soient payez de leurs gages, tout ainsi qu'ils le sont à present, & ce jusques à ce qu'ils soient actuellement payez & & remboursez, de la Finance qu'ils ont payé.

Veut & entend Sa Majesté, qu'au surplus les Reglemens cy-devant faits pour lesdits Conseils, soient ponctuellement gardez & executez selon leur forme & teneur, à l'exception seulemet des choses auquelles il pourroit y estre dérogé par le present Reglement. Fait à Paris le 3. May 1657. Signé, LOUIS, & plus bas, LE TELLIER. Et à costé est écrit.

Le present Reglement a esté leu, le Conseil d'Estat & des Finances du Roy tenant. Sa Majesté y estant, le Samedy 5. jour de May 1657. à Paris, & Registré és Registres dudit Conseil, par moy Conseiller Sectetaire ordinaire desdits Conseils d'Estat & Finances soussigné. Signé, CATELAN.

Reglement fait par le Roy, pour la Seance de Messieurs les Conseillers d'Estat.

Du 3. Mars 1670.

LE Roy estant informé de ce qui s'est observé pendant plusieurs années dans ses Conseils, sur le sujet des Rangs & Seances de ceux qui ont l'honneur d'y servir, & des divers Reglemens qui ont esté faits sur ce sujet, tant par les Roys ses Predecesseurs, que par Sa Majesté; Mesme de l'Arrest qu'Elle a rendu en faveur du Sieur d'Aligre pour la place de Doyen de son Conseil: Sa Majesté a déclaré qu'à l'avenir, son Conseil demeurera composé de douze Conseillers d'Estat Ordinaires, trois Conseillers d'Eglise, & trois d'Espée, & douze servans par Semestre. *Notà.*

Que tous ceux qui ont l'honneur de servir à present en cette qualité, prendront leur Rang & Seance suivant la liste inserée en fin du present Reglement; Qu'à l'avenir les Conseillers d'Estat dont Sa Majesté fera le choix, prendront Rang & Seance du jour des nouvelles Lettres de Conseillers d'Estat Ordinaires ou Semestres, qui leur seront données, sans avoir égard aux Brevets, Lettres ny Sermens, qu'ils pourroient avoir obtenües ou presté auparavant. *Notà.* *Notà.*

Liste des Conseillers d'Estat, suivant le Rang & la Sceance qu'ils tiendront à l'avenir.

LES SIEURS,

DALIGRE,	*Doyen.*
DE LEZEAU,	*Ordinaire.*
DE MORANGIS,	*Ordinaire.*
D'ETAMPES,	*Ordinaire.*
DE SEVE,	*Ordinaire.*
DE MESGRIGNY,	*Semestre.*
DE VILLATER,	*Semestre.*
PONCET,	*Ordinaire.* *Notà.*
L'EVESQUE DE CHARTRES,	*Ordinaire.*
L'EVESQUE DE SEES,	*Ordinaire.*
DE MARILLAC,	*Ordinaire.*
BOUCHERAT,	*Ordinaire.*
DU GUE,	*Ordinaire.*
DE BRETEUIL,	*Semestre.*
DE LA MARGUERIE,	*Semestre.*
DE LA FOSSE,	*Semestre.*
DE BEZONS,	*Semestre.*
LE CONTE,	*Ordinaire.*
PUSSORT,	*Ordinaire.*
VOISIN,	*Ordinaire.*
MARTIN,	*Intendant.*
HOTMAN,	*Intendant,*
HERVAT,	*Semestre.*
COLBERT,	*Ordinaire.*
GIZAUCOURT,	*Semestre.*
BENARD DE REZE',	*Semestre.*
DE POMPONE.	*Semestre.*

Sa Majesté veut que le present Reglement soit publié aux Sceau, & Enregistré és Registres de la Grande Chancellerie de France, & à cét effet que toutes Lettres à ce necessaires serons expediées. Fait au Conseil d'Estat du Roy, tenu à Saint Germain en Laye, le troisiéme jour de Mars mil six cens soixante & dix. Signé, COLBERT. *Notà.*

SIRE,

Ce Reglement a jugé en propres termes la question qui se presente : Il a esté fait expressément pour regler & le Rang & la Seance que chacun de vos Conseillers d'Estat tiendroit à l'avenir.

V. M. mesme a voulu pour empêcher que l'on ne pust contrevenir à sa volonté, & qu'il n'arrivast plus de contestation semblable à celle qu'elle venoit de décider pour la place de Doyen, que la liste de tous ses Conseillers d'Estat fust mise suivant l'ordre de leur reception ensuite de ce Reglement ; afin que personne ne peût jamais pretendre de passer devant son Ancien, ny luy disputer le Rang qui le devoit conduire un jour au Doyenné.

V. M. a encore fait ajoûter par une prévoyance merveilleuse, au nom de ses Conseillers d'Estat, leur qualité d'Ordinaire & de Semestre, nonobstant lesquelles & sans y avoir égard, elle les a placez indistinctement ; voulant par-là faire connoistre à tout le monde qu'il n'y avoit point de difference entr'eux, ny pour leur Dignité, ny pour leur Rang ; & faire voir que puisque V. M. n'y en avoit point voulu admettre, personne aussi n'avoit droit ny raison d'y en pretendre.

Dans ce Reglement V. M. a fait regner par tout la justice ; Deux grands Prélats, Monsieur l'Evesque de Chartres & Monsieur l'Archevesque de Roüen, freres de deux Mareschaux de France, y sont mis aprés Monsieur Poncet, parce qu'il estoit leur Ancien. Par cette mesme raison Monsieur Poncet est mis aprés Monsieur de Villayer qui est son Ancien ; parce que la regle generale des Rangs, est celle de la reception.

Monsieur Poncet voudra bien estre le Doyen devant Monsieur de Chartres, quand son Rang luy appellera ; Pourquoy donc ne veut-il pas que le Sieur de Villayer le soit devant luy ?

Comment est-t'il possible que Monsieur Poncet ose demander une Loy particuliere pour luy, & qu'il ne veüille pas observer la mesme regle qu'il fait garder aux autres ?

Ce Reglement a esté publié, enregistré & executé par tous les Conseillers d'Estat : Monsieur Poncet mesme y a formellement acquiescé par cinq cens Actes approbatifs faits en Justice. Monsieur de Villayer l'a precedé & presidé par tout, & a encore le Rang devant luy : La regle sera-t'elle differente pour l'avenir de ce qu'elle l'a esté pour le passé, & pour le temps present ?

Comment Monsieur Poncet peut-il revenir contre une chose si justement jugée par V. M. mesme, & si constamment executée ?

Ce Reglement fait voir que les Rangs ne sont ny Ordinaires, ny Semestres ; puisqu'ils sont possedez indifferemment par les Semestres & par les Ordinaires.

L'Ordinaire ne peut avoir de preseance sur les autres Conseillers d'Estat : Donc il ne peut estre Doyen au préjudice de ses Anciens.

Il n'y a pas d'apparence que Monsieur Poncet doute que le Doyenné ne soit une preseance, puisqu'il précede tous les autres.

Les Rangs sont affectez aux personnes & à l'ancienneté de leur reception, & non à la qualité de la Charge, ils ne sont ny d'Espée, ny d'Eglise, ny de la Robbe, ny Semestres, ny Ordinaires.

Enfin, rien n'est plus précis, plus personnel, & plus décisif que ce Reglement, qui doit estre une Loy inviolable & un Titre incontestable ; puisqu'il est appuyé de la Justice & de l'authorité de V. M.

Reglement fait par Sa Majesté le 3. Ianvier 1673. pour estre observé en son Conseil.

Article 9.

LES Conseillers d'Estat, soit qu'ils soient Prélats, Gens d'Espée, ou de Judicature, Doyens des Maistres des Requestes, ou des Quartiers, n'auront Rang & Seance que du jour qu'ils y seront appellez, & serviront actuellement nonobstant l'ancienneté de leurs Brevets; & qu'ils eussent mesme presté le serment, à la reserve neanmoins des Princes du Sang, des Cardinaux, & des Officiers de la Couronne qui precederont les autres Conseillers d'Estat.

SIRE,

Si VOSTRE MAJESTE veut prendre la peine de jetter les yeux sur cét Article qui ne contient que six lignes, elle reconnoistra facilement que quand le sieur Poncet dispute au sieur de Villayer le Rang de Doyen de vostre Conseil; il s'oppose directement à l'ordre que V. M. a establi avec tant de connoissance, & qu'elle a expliqué avec tant de netteté.

On ne sçauroit douter que cét Article ne comprenne tous les Conseillers d'Estat & tous les Rangs, & par consequent le sieur de Villayer, & le sieur Poncet ont une Loy écrite, & ils n'ont rien à contester ensemble pour aucun Rang qui se puisse presenter en vostre Conseil.

La disposition de la regle est generale & absoluë, & pour les personnes & pour les preseances.

L'article qui dit que les Conseillers d'Estat, soit qu'ils soient Prelats, Gens d'Espée, ou de Judicature, les embrasse tous, puisqu'il n'y en a point d'autre qualité; Et puisque le Doyen a un Rang, & que le Doyenné est une seance, cét Article s'explique aussi intelligiblement que s'il disoit, Que le sieur Poncet ne sera pas Doyen que lors qu'il sera le plus Ancien de tous les Conseillers d'Estat en reception, Et que le sieur de Villayer doit estre Doyen, quand il n'aura plus personne devant luy.

C'est ainsi que V. M. l'a jugé par le Reglement de 1670. fait à l'occasion du Rang de Doyen, ou dans la Liste des Conseillers d'Estat, & des Rang que chacun d'eux tiendroit à l'avenir, le sieur Poncet est personnellement nommé & placé aprés le sieur de Villayer.

V. M. sçavoit si bien que l'un estoit Ordinaire & l'autre Semestre qu'elle a fait mettre dans cette Liste aprés leur nom, leur qualité pour marquer qu'elle ne consideroit que l'ancienneté de leur reception.

Et parce que pour sçavoir de quel jour à l'avenir cette ancienneté devoit estre comptée, V. M. en a voulu faire une regle generale, à laquelle elle a fait adjoûter l'exception pour les Princes du Sang, les Cardinaux, & les Officiers de la Couronne qui par leur dignité doivent préceder tous les autres Conseillers d'Estat, laissant tout le reste dans la regle qui porte en termes exprés, Que tous les Conseillers d'Estat, de quelque qualité qu'ils soient n'auront Rang & Seance;

que du jour qu'ils y seront appellez & serviront actuellement.

V. M. qui a consideré que cette Illustre Compagnie estoit composée de personnes de differentes qualitez, a voulu donner des Privileges particuliers à ceux qui sont marquez de ces Caracteres augustes qui les approchent de sa personne; mais ce n'est qu'en leur faveur qu'elle a fait cette exception: Les grands du Royaume qui sont au dessus de nous d'une consideration, & d'une distance infinie, ne reçoivent point de comparaison avec nostre profession.

Cette exception confirme la regle & la fortifie, à l'égard de ceux qui ne sont point exceptez.

Hors ces personnes Illustres, toutes les autres sont soûmises à une Loy qui leur est commune; V. M. les a laissez dans une égalité parfaite: Et sans considerer la difference de leur Ordre, ny qu'ils fussent du premier, du second, ou du tiers Estat, elle a reduit tout l'avantage qu'ils peuvent pretendre au seul honneur de l'ancienneté de leur reception. Ce n'est que par là que la préseance se doit juger, & ce n'est icy purement qu'une question de préseance; car de dire que Monsieur Poncet puisse monter jusques à meriter un droit égal à celuy des Princes du Sang, des Cardinaux, & des Officiers de la Couronne; certainement c'est une pensée trop relevée, & trop ambitieuse.

Il est bien plus juste & dans l'ordre de dire, que puisque le sieur de Villayer & le sieur Poncet sont Officiers de Judicature: ils doivent suivre la regle que V. M. a faite pour eux, & le Rang de leur reception, comme ils ont toûjours fait, & ainsi que V. M. l'a tant de fois jugé.

Pour faire voir que Monsieur Poncet veut violer tous les Reglemens faits par Sa Majesté.

L'ON ne peut pas douter que la contestation qui se presente, ne doive estre jugée par les Loix que V. M. a faites, & non par celles par que Monsieur Poncet veut faire.

Vostre Majesté a ordonné que le plus Ancien en reception & en service seroit Doyen. Que le premier receu seroit le premier. Que le plus jeûne cederoit la chaise à son Ancien.

Toutes ces Ordonnances établissent le droit du Sieur de Villayer; il est l'Ancien de Monsieur Poncet, en reception & en service actuel; il doit donc estre le Doyen, s'il plaist à V. M. c'est l'ordre que le Sous-Doyen succede au Doyen, & que celuy qui estoit le second devienne en son rang le premier.

Monsieur Poncet n'a pas droit d'ajoûter à la Loy, qui dit: Que le plus Ancien sera le Doyen; La condition, à la charge toutesfois qu'il sera Ordinaire.

Ny à celle qui dit. Que le premier receu, sera le premier; Il ne peut pas aussi y ajoûter, Que si neanmoins le premier estoit Semestre, il seroit le dernier.

Ny à cette autre, qui porte: Que le plus jeûne cedera la chaise à son Ancien; Monsieur Poncet ne peut non plus y mettre la reserve & l'exception de la premiere chaise; ou bien il luy seroit permis de changer le sens de toutes les Loix de Vostre Majesté.

Mais

Mais sous quel prétexte le veut-t'il entreprendre ? Il dit qu'il est Ordinaire, & qu'il faut estre Ordinaire pour estre le plus Ancien.

En cela-mesme il contrevient encore précisément aux Loix de V. M.

Le Reglement de 628. porte : Qu'en qualité de Conseiller d'Estat ordinaire, on ne pourra prétendre la préseance sur tous les autres ; c'est à dire sur les Semestres.

Pouvoit-t'on mieux dire que l'on ne pourroit prétendre estre le Premier, où le Doyen en qualité d'Ordinaire ? Car il n'y a que le Doyen qui précede tous les autres Conseillers d'Estat.

Et si l'on ne s'est pas servy du mot de Doyen, c'est qu'en 614. personne n'avoit entrepris de prendre & d'usurper le nom de Doyen du Conseil de V. M. Ce qui n'a esté fait que du temps de Monsieur d'Ormeçon, & mesme ce n'estoit que pour signifier le plus Ancien.

C'est pour cela qu'en 636. Monsieur de Roissy, grand pere de Monsieur le President de Mesme, n'a jamais voulu prendre d'autre qualité que celle de plus Ancien Conseiller d'Estat, comme il est justifié par un extraict des Registres de la Chambre des Comptes, & que l'on luy a souvent entendu dire que la qualité de Doyen ne convenoit pas au Conseil ; où les Princes & les Cardinaux prennent la qualité de Conseillers d'Estat.

C'est pour cela que pas un de nos Livres anciens, ny Manuscrits, ny Imprimez, n'a parlé de la qualité de Doyen.

Et ce qui est digne d'une tres-grande remarque ; C'est qu'il n'y a point de Conseil d'aucun Roy de l'Europe où cette qualité de Doyen soit établie.

Il se voit donc que lors que Monsieur Poncet, prétent la qualité de Doyen en qualité d'Ordinaire, il contrevient précisément à la Loy portée par le Reglement de 628. qui l'a expressément deffendu.

V. M. n'a pas dit une fois seulement, que la qualité d'Ordinaire ne donneroit aucun rang.

Quand en 1657. V. M. reforma son Conseil, & qu'elle fit douze Conseillers d'Estat ordinaires, & douze Semestres.

Elle ajoûta à mesme-temps qu'ils garderoient entr'eux le rang de leur reception.

Si le Semestre quand il devient le plus Ancien n'estoit pas le Doyen, il ne garderoit pas le rang de sa reception ; donc Monsieur Poncet veut détruire la regle.

Lors qu'en 670. V. M. a fait le Tableau des rangs que ses Conseillers d'Estat garderoient à l'avenir, elle y a mis nommément Monsieur Poncet, quoy qu'Ordinaire aprés le Sieur de Villayer, & ainsi la question que fait Monsieur Poncet est déja personnellement jugée par V. M. mesme.

Et depuis en 73. V. M. a encore repeté que les Conseillers d'Estat, soit qu'ils fussent Prélats, gens d'Espée, ou de Judicature, n'auroient rang que du jour qu'ils seroient appellez au Conseil; Quand Monsieur Poncet veut estre Doyen avant le Sieur de Villayer, il veut avoir un rang avant qu'il fût du Conseil, & qui ne luy appartient pas; Car on ne peut avoir place dans une compagnie avant que d'en estre.

Et ce qui est remarquable, c'est que V. M. n'a excepté de cette Regle que les Princes les Cardinaux & les Officiers de la Couronne; d'où il s'ensuit que Monsieur Poncet n'est & ne peut estre compris soûs cette exception.

Par ce petit abregé V. M. voit que Monsieur Poncet veut violer les Loix que V. M. a faites avec tant de Justice, & qu'il croit que celles qu'il veut faire sont plus raisonnables; parce qu'elles luy sont plus avantageuses.

Mais ce n'est pas seulement vos Ordonances qu'il veut détruire, c'est l'usage de toutes les Compagnies du monde.

Il y a mille Doyens en France, pas un desquels ne l'est devenu que parce qu'il estoit le plus Ancien en reception.

Le Doyenné du Conseil n'est pas d'une autre qualité.

Si l'on ajoûte à ces considerations l'injure qui seroit faite au Sieur de Villayer, de le mettre aprés celuy qui a toûjours esté aprés luy, & le sensible préjudice que recevroient tous les Conseillers d'Estat qui servent par Semestres, que l'on jugeroit par-là incapables de devenir les Anciens & les Doyens en leur rang.

L'ouverture que l'on feroit de renverser les choses les plus certaines & les mieux établies, si l'on préferoit les foibles subtilitez de Monsieur Poncet, aux plus justes Loix du monde que V. M. a faites.

Ledit Sieur de Villayer est persuadé que V. M. luy fera la grace de luy conserver le rang & l'honneur qui luy a coûté toute sa vie à acquerir, & qu'il n'aura pas le déplaisir de voir accorder à Monsieur Poncet ce qui n'a jamais esté donné à personne, & en mesme-temps de se voir refusé de ce qui n'a jamais esté dénié à aucun Officier qui soit parvenu à la premiere place de son Conseil.

Extraict des Reglemens faits par Sa Majesté.

Pour montrer que la Qualité de Conseiller d'Estat Ordinaire ne donne aucun Rang ny Préseance sur les Conseillers d'Estat qui servent par Semestres.

LE Reglement de 1628. porte que ceux qui seront appellez au Conseil pour y servir comme Ordinaires, ne pourront prétendre la préseance sur tous les autres en qualité d'Ordinaires.

Celuy de 1657. qui reforma le Conseil, décide que les Conseillers d'Estat, *Ordinaires & Semestres prendront entr'eux* le rang & seance qui leur appartient du jour & datte de leurs Brevets & Lettres & de la prestation de leur Serment.

Celuy de 670. fait pour la ſeance des Conſeillers d'Eſtat, veut que ceux qui ſervoient alors prenent leur rang ſelon la liſte inſerée à la fin du Reglement, & met *les Ordinaires & les Semeſtres indiſtinctement* par l'ordre de leur reception, & ſuivant icelle, V. M. y a placé le Sieur Poncet, nommément aprés le Sieur de Villayer ſon Ancien.

Le Reglement de 673. aprés avoir composé le Conſeil d'Ordinaires & de Semeſtres, & de perſonnes de toutes les profeſſions, porte que les Conſeillers d'Eſtat, ſoit qu'ils ſoient Prélats, Gens d'Epée, *ou de Iudicature*, n'auront rang & ſeance que du jour qu'ils ſeront appellez au Conſeil & ſerviront actuellement, à l'exception ſeulement des Princes du Sang, des Cardinaux & Officiers de la Couronne qui précederont tous les autres Conſeillers d'Eſtat.

Le Roy ne pouvoit rien faire de plus precis. Voila la qualité de Conſeiller d'Eſtat exprimée. Voila celle de la Profeſſion. Celle du ſervice, & le Nom propre de Monſieur Poncet. Aprés quoy il faut qu'il ne ſoit ny Conſeiller d'Eſtat, ny de Judicature, ny Ordinaire, ny meſme Monſieur Poncet s'il n'eſt compris dans ce Reglement.

Enfin tous les Reglemens Anciens & nouveaux, diſent que le premier reçeu ſera le premier, & que le plus jeûne en reception cedera la chaiſe à ſon Ancien.

C'eſt l'ordre que ſa Majeſté & les Rois ſes Predeceſſeurs ont étably, qui eſt celuy de la Nature-meſme, & qui eſt conforme à toutes les Loix du monde; où le Sous-Doyen ſuccede au Doyen, & celuy qui eſt le ſecond, devient en ſon rang le premier.

Le Sieur de Villayer ſupplie tres-humblement V.M. de maintenir ſes Reglemens, & le Sieur Poncet demande qu'il luy plaiſe de les deſtruire. Peut-t'on imaginer une priere plus juſte que celle que fait le Sieur de Villayer, & peut-t'on concevoir une demande & une pretention plus déraiſonnable que celle du Sieur Poncet.

Pour faire voir que l'entrepriſe de paſſer devant ſes Anciens a eſté de tous temps condamnée.

Extrait tiré du livre intitulé, de la Diſcipline de l'Egliſe, *composé par le Pere Thomaſſin.*

IL eſt encore plus certain que les Archi-Preſtres de l'Occident ne parvenoient à cette dignité que par l'antiquité de leur Ordination; Parce que les Latins furent encore plus jaloux que les Grecs de faire obſerver avec une inviolable exactitude cette Loy ſi ſainte & ſi naturelle, du reſpect que les jeûnes doivent à leurs Anciens dans toute ſorte de ſocieté & de profeſſion. Le Grand ſaint Leon ayant appris que Dorus Eveſque de Benevent avoit donné à un Preſtre nouvellement ordonné le premier rang & la preſeance avant tous les autres Preſtres de ſon Egliſe, & que les deux plus Anciens Preſtres y avoient conſenty. Ce Grand Pape fit une ſevere correction a cet Eveſque, d'avoir renverſé l'ordre Canonique de ſon Clergé, & d'avoir laiſſé prendre à un ambitieux Uſurpateur, les avantages qui n'eſtoient deus qu'à ceux que leur âge, leur experience, leurs ſervices & leur longue perſeverance rendoient venerables. *Cognovimus apud te novo ambitu fœdoque colluvio Presbyterii ordinem fuiſſe turbatum, ita ut unius feſtina & immatura provectio, quædam eorum dejectio facta ſit quos ætas commendabat & nulla culpa minuc-*

bat. Il déclare que les deux plus Anciens Prestres n'avoient pas dû ceder leur primauté ; Et n'avoient pû en la cedant reculer ceux qui les suivoient. *Si vero primi secundique Presbyteri circa Epicarpium sibi praeponendum tanta assentatio fuit &c. Deformis & ignava subjectio bene sibi consciis & non irritam facientibus gratiam Dei praejudicare non potuit, ut primatus suos quocumque commercio in alterum transferentes subsequentium suorum minuerent dignitatem.*

Enfin pour punir la lâche complaisance de ces deux Anciens, il ordonne qu'ils seront à l'avenir les derniers de tous les Prestres de cette Eglise, qu'ils seront postposez à celuy mesme dont ils ont flaté l'ambition ; Et que tous les autres garderont inviolablement le rang de leur antiquité. *Caeteris omnibus Presbyteris in eo ordine permanentibus quem unicuique ordinationis suae tempus ascripsit.* Il ne faut pas oublier ce qui paroistra encore plus estonnant, c'est que ce saint & sçavant Pape jugeoit la lascheté de ces deux Anciens Prestres si criminelle, qu'il asseure qu'à moins d'adoucir la rigueur des Canons il eust fallu les déposer. *Licet privari etiam sacerdotio mererentur.*

Pour montrer qu'à parler proprement il n'y a point de Doyen au Conseil,

Et que le Sieur de Villayer estoit Intendant de Justice, lors que le Sieur Poncet n'estoit qu'Auditeur en la Chambre des Comptes.

Extrait fait en la Chambre des Comptes du Roy nostre Sire, en vertu de l'Arrest de Nosseigneurs d'icelle, estant au haut de la Requeste cy-dessus.

DU Onziéme Volume du Compte de l'Epargne, rendu par Messire Gaspard de Fieubet, Tresorier pour l'année finie le dernier jour de *Decembre* 1636. clos le quatre Decembre 1639. fol. 4257. vers. a esté extrait ce qui ensuit,

A Messire Jean Jacques de Mesme, Chevalier Sieur de Roissy & *plus Ancien Conseiller du Roy en ses Conseils d'Estat & Privé*, la somme de douze mille livres tournois à luy ordonnée par Sadite Majesté.

Extrait fait en la Chambre des Comptes du Roy nostre Sire, en vertu de l'Arrest de Nosseigneurs d'icelle du 13. Octobre 1679.

DU Compte du payement des Gages des Officiers de la Chambre des Comptes, rendu par Maistre Jean de Loynes, Receveur & Payeur pour *l'année* 1641. folio 343. a esté tiré ce qui suit,

A. M. Pierre Poncet aussi Conseiller du Roy & *Auditeur* en sa Chambre des Comptes, la somme de 357. livres 7. sols 6. deniers à luy ordonnée pour ses Gages & Droits ordinaires, & à sondit Estat & Office, attribuez de l'année de ce Compte *mil six cens quarante un*, qui est sçavoir neuf-vingt six livres dix-sept sols six deniers pour ses gages ordinaires, cinquante livres pour son droit de robbe de Pasques, dix livres pour son droit de robbe de Toussaints, & la somme de cent douze

douze livres pour son droit de bûche, revenant toutes les sommes cy-dessus à ladite premiere de 359. livres 7. sols 6. deniers.

Commission donnée par le feu Roy, au Sieur de Villayer, pour l'intendance de Justice, Police & Finances en la Generalité d'Orleans, du 1638.

Ces pieces justifient que le Sieur de Villayer estoit Intendant de Justice dés l'année 1638. & qu'en 1641. le Sieur Poncet estoit encore Auditeur des Comptes, & que la qualité de Doyen au Conseil a esté introduite nouvellement; qu'autrefois elle n'y estoit point connuë; aussi n'y convient elle pas, puisque le mot de Doyen veut dire le premier entre égaux en dignité, & qu'au Conseil, que les uns sont Princes du Sang & Cardinaux, & que les autres ne sont venus que d'Officiers de Robbe; Outre qu'on ne prend point devant Sa Majesté une qualité qu'elle n'a pas voulu établir dans le Conseil, où il n'y a que la seule dignité de Monsieur le Chancelier, auquel uniquement Sa Majesté en a donné la Présidence & la direction, & qui l'a fait le Chef de la Justice.

C'est pourquoy il ne se trouvera point que dans aucun Royaume de l'Europe, nul Souverain ayt souffert qu'on ait pris dans son Conseil la qualité de Doyen; Et si en France quelqu'un a esté assez hardy de l'entreprendre dans ces derniers temps, ce n'a jamais esté que pour signifier qu'il estoit le plus Ancien: Et il est assez surprenant que Monsieur Poncet oze pretendre s'attribuer une qualité imaginaire, qui signifie ce qu'il n'est pas & ce qui n'est point, & faire une perpetuelle supposition à tout le monde, d'une fausse qualité.

Si Monsieur Poncet disoit qu'entre sçavoir qui sera Doyen, ou sçavoir qui sera l'Ancien, c'est une question de nom seulement, ce seroit un mauvais supterfuge; car s'il n'y a point de Doyen, il n'y a point de question à faire; Et s'il ne s'agit que de sçavoir qui est l'Ancien, comme l'on n'en peut pas douter, il n'y a point aussi de sujet de contestation, puisque Monsieur Poncet convient que c'est le Sieur de Villayer qui est l'Ancien, & qui l'a toûjours precedé.

Noms des Sieurs Maiſtres des Requeſtes , reçeus entre le Sieur de Villayer & le Sieur Poncet au nombre de vingt & quatre.

LES SIEVRS,

De Villayer,
Foullé,
Pinon,
Frere,
Le Roux,
De Chaulne,
De Gremonville,
De la Berchere,
Chomel,
Du Til,
Bragelonne,
Montchal,
Ardier,
Bidé,
Buzanval,
Mareſcot,
Barin,
Talman,
Ricouard,
Iaſſault, Doyen de Meſſieurs les Maiſtres des Requeſtes.
Quergrec,
Maulnoury,
Briçonnet,
Poncet. 24.

Quelle raiſon peut avoir Monſieur Poncet de prétendre de paſſer devant le Sieur de Villayer, qui a eſté reçeu ſi long-temps auparavant luy? Et comment veut-il eſtre Doyen du Conſeil, que meſme il ne le ſeroit pas des Maiſtres des Requeſtes?

Si le ſieur de Villayer a vingt-quatre degrez de Reception ſur le ſieur Poncet, qui eſt premier qui le ſuit.

Il en a quarante ſur le ſecond:

Cinquante ſur le troiſiéme;

Soixante, Quatre-vingts & Cent, ſur quelques autres Conſeillers d'Eſtat.

Toutes les pieces cy-devant ayant eſté miſes par l'ordre de Sa Majeſté, entre les mains de Monſieur Colbert, pour luy en faire le Rapport;

Le Sieur de Villayer n'a pris la liberté de donner à Sa Majeſté, que le petit abregé qui ſuit.

Abregé sommaire des raisons du Sieur de Villayer.

AU ROY.

SIRE,

Dans la Contestation qui se presente, & que VOSTRE MAJESTE' veut bien prendre la peine de décider. Le Sieur de Villayer supplie tres-humblement VOSTRE MAJESTE' de luy faire la grace de considerer qu'il a pour luy toutes les Loix divines & humaines, naturelles & civiles, & tous les Reglemens qui ont esté faits si justement par VOSTRE MAJESTE' & par les Rois ses Predecesseurs; Qui portent que la qualité d'Ordinaire ne donnera aucune présceance sur les autres Conseillers d'Estat.

Qu'il a avec tant de Titres la possession du rang qu'il deffend si constante, si publique & si volontaire, & mesme si longue qu'il n'y a pas eu un jour en toute sa vie qu'il n'ayt précedé le Sieur Poncet, & dans le Conseil & hors le Conseil, puisqu'il est son Ancien de sept ans; Que vingt-quatre Maistres des Requestes ont esté receus entre luy & le Sieur Poncet; Qu'il estoit Intendant de Justice en 1638. d'une grande Province, dont le feu Roy de tres-glorieuse memoire l'avoit honoré; Que le Sieur Poncet n'estoit qu'Auditeur en la Chambre des Comptes où il est demeuré jusques en 1642. Et qu'il avoit déja servy actuellement au Conseil prés de douze ans en qualité de Conseiller d'Estat Ordinaire, que le Sieur Poncet n'y estoit pas encores assis,

Outre le Titre & la Possession, il a mille *exemples* en sa faveur;

Et enfin *l'usage* universel de toutes les Compagnies du Royaume où le plus Ancien est le Doyen;

Et que le Sieur Poncet n'a rien du tout pour luy *ny Titre, ny Possession, ny Exemple, ny Usage* pour soûtenir son entreprise qui n'est fondée que sur son ambition, & sur le grand credit dont il s'est persuadé; Ayant crû que par des subtilitez & équivoques: Ou par des comparaisons qui n'ont ni raport ni application, par des raisonnemens sans principe, & par un préjugé imaginaire, il mettroit en doute le droit le plus certain & le mieux étably qui fut jamais, Et qu'il feroit prévaloir la plus mauvaise cause du monde sur la meilleure.

Pour y parvenir V. M. remarquera s'il luy plaist que dans sa Requeste, il a tronqué tous les Reglemens de V. M. & qu'au lieu de les rapporter tout au long, il en a retranché des clauses entieres qui le condamnoient; Ce qui marque le peu de sincerité avec laquelle il agit, & qu'il faut que l'attache qu'il a pour ses interests soit bien grande de l'avoir porté jusques à celer la verité à V. M. à qui elle ne doit ny ne peut jamais estre dissimulée sans offenser le profond respect qui lui est deub, comme au plus grand & au plus juste Monarque de l'Univers.

Discours pour representer les Raisons du Sieur de Villayer, en cas qu'il plaise à Sa Majesté luy faire l'honneur, & au Sieur Poncet, de les entendre.

AU ROY.

SIRE,

Puisque VOSTRE MAJESTE, aprés avoir vaincu ses Ennemis par sa valeur & procuré la Paix à toute l'Europe par sa bonté, veut bien nous donner quelques-uns de ses momens precieux, & s'appliquer elle-mesme à rendre la Justice; Cette équité qui regle tous ses jugemens, & qui rendra son Regne aussi glorieux qu'il l'est par ses exploits & par ses conquestes, Me donne la confiance de representer à V. M. la deffence que je me dois, & à mes Confreres, & à la Dignité commune que nous tenons des biens-faits de V. M.

Aprés le déceds du Sieur de Lezeau, qui estoit le premier de vos Conseillers d'Estat, sa Charge estant retournée à V. M. qui la luy avoit donnée, & son rang à l'ancienneté qui le luy avoit acquis, estant écheu à mesme-temps à celuy qui le suivoit par la disposition de vos Ordonnances, qui veulent, conformément à toutes les Loix du monde, que le Sous-Doyen succede au Doyen, & que celuy qui estoit le second devienne en son rang le premier.

L'honneur que j'ay d'estre à present le plus Ancien Officier de vostre Conseil, où depuis prés de cinquante ans, j'ay veu prendre place à tous ceux qui le composent, me faisoit esperer de joüir, sous le bon plaisir de V. M. & sous l'autorité de ses Reglemens, de la qualité de Doyen, pendant le peu de temps qui me reste à vivre.

Et comme j'avois la satisfaction d'estre parvenu par mes longs services jusques où le temps seul me pouvoit conduire dans ma profession sans aucun empressement, je me flatois aussi que l'on m'y verroit sans regret & sans envie, n'y ayant pas d'apparence que lors que la Providence de Dieu m'avoit heureusement conduit par degrez de la derniere place à la premiere, Monsieur Poncet voulust me priver d'un avantage qui m'a coûté toute ma vie à acquerir, & qu'il ozât demander, ce qui jusques à present n'a point esté pretendu ny demandé, & ce qui resiste directement à la justice, & si je l'oze dire, à la bonté naturelle de V. M. qui n'a jamais voulu faire personne Doyen avant son temps, ni empéché personne de l'estre aprés qu'il y est parvenu.

Cependant, SIRE, Monsieur Poncet qui n'est pas le plus Ancien, & qui par consequent n'a pas plus de droit sur le Rang qu'avoit le Sieur de Lezeau, que sur sa Charge, ny sur ses autres biens, me dispute la qualité de Doyen, qui porte avec soy la marque & la recompense publique de l'ancienneté des services qu'il n'a pas, & tâche de me ravir l'honneur, qui est le plus cher & le plus excellent de tous les biens, en voulant m'oster un nom dans lequel se trouve renfermée la gloire d'un Ancien Officier, & la satisfaction d'une vie consommée dans le service de Vostre Majesté.

Comme Monsieur Poncet ne demande pas la Charge du Sieur de Lezeau, & qu'il qu'il ne s'agit uniquement que d'un Rang dans la question qui se presente ; & que le principe de la décision de ce different vient de l'ancienneté de la Reception qui est la regle des Rangs, suivant toutes vos Loix, qui portent *que le premier reçeu sera le premier. Que le plus jeûne cedera la chaise à son Ancien. Et que l'on n'aura Rang que du jour que l'on sera appellé au Conseil.*

J'exposeray d'abord à V. M. la longue & continüelle difference qui se rencontre entre la Reception de Monsieur Poncet & la mienne.

Je suis son Ancien de sept ans : Vingt-quatre Maistres des Requestes ont esté receus entre luy & moy, dont j'ay donné la liste. Le feu Roy de tres-glorieuse memoire m'avoit honoré de l'Intendance d'une grande Province dés 1638. que Monsieur Poncet n'estoit encore qu'Auditeur en la Chambre des Comptes, & j'avois déja servy au Conseil en qualité de Conseiller d'Estat ordinaire prés de douze ans, que Monsieur Poncet ny estoit pas encore assis.

Ce sont, SIRE, les raisons pour lesquelles il m'a toûjours cedé le Rang, & dans le Conseil, & hors le Conseil, & en toutes Assemblées & ceremonies publiques & particulieres : qu'il est venu travailler chez moy comme chez son Ancien, où je l'ay precedé & presidé, & où je lui ay demandé son avis, & signé avant lui toutes les expeditions qui se sont presentées.

Aprés une possession si publique & si longue de quarante années, Monsieur Poncet majeur de quatre-vingt ans, n'est pas bien fondé à reclamer contre ce qu'il a souffert volontairement toute sa vie : & le vingt-quatriéme puisné n'est pas favorable, quand il dispute à son aisné le droit & l'avantage que toutes les Loix lui ont donné.

Plust à Dieu qui a permis que j'aye survescu à plus de trois cent Maistres des Requestes ou Conseillers d'Estat, pour devenir le Doyen de ces deux Compagnies, où il n'y a plus personne qui ne soit venu aprés moy, que V. M. pust aujourd'huy voir à ses pieds les plus Anciens de son Royaume.

Ils luy diroient tous ensemble, qu'ils n'ont jamais oüi parler d'une pretention semblable à celle de Monsieur Poncet, & je ne doute pas que V. M. ne fust surprise que sous son Regne, qui est le Regne de tous les Rois le plus juste & le plus heureux, on veüille detruire l'ordre qui est, & qui a esté de tout temps le plus certainement & le plus universellement étably.

Non, SIRE, il n'est pas plus assûré que le premier né est l'aisné, qu'il est certain que le plus Ancien est toûjours le Doyen.

C'est une verité si constante qu'il n'y a point de Compagnie dans le Royaume, ny dans l'Eglise, ny dans l'Epée, ny dans la Robe, qui n'en fournisse une infinité d'exemples à V. M.

Dans l'Eglise, les Evesques ont le rang de leur Consecration, les Abbez de leur Benediction, les Prestres de leur Ordination, & les Religieux de leur Profession.

Dans l'Epée, V. M. sçait & veut que les Duchez & Pairies gardent le rang de leur érection : les Gouverneurs des Provinces : les Officiers de sa Maison, & ceux de toutes ses armées, celuy de leur promotion. L'Ancien de Messieurs les Mareschaux de France est le Doyen, & mesme il commande l'armée : & entre les Lieutenans Generaux & Mareschaux de Camp, les Anciens choisissent leur poste.

Dans la Robe, rien n'est plus inviolable ; les Compagnies entieres prennent le rang de leur institution, comme les particuliers celuy de leur reception.

Tant il est vray que rien n'est plus fort que le temps, ny plus venerable que l'ancienneté, qui est la Loy à laquelle tous les hommes se sont volontairement soûmis.

Il y a mille Compagnies d'Officiers dans le Royaume, & par tout le plus Ancien est le Doyen : Comment Monsieur Poncet veut-il empécher que cet ordre si general, si juste, & si agreable à tout le monde, ne soit pas observé au Conseil ? La dignité de Doyen du Conseil n'est pas une qualité differente de tous les autres Doyens.

Par tout le bien du temps & de la longue vie est un don de Dieu ; Personne jusques à present n'a contredit ny contesté l'honneur & les avantages, qui luy sont accordez ; & si les plus longs services ont tant de consideration que la recompense n'en a jamais esté enviée ny disputée.

Le droit d'aînesse est trop bien étably pour apprehender que V. M. ne le veüille pas conserver en cette premiere Compagnie, où nous voyons un Evesque devant un Archevesque, où nous avons vû des Prestres passer devant des Evesques, par cette raison seule, que le droit de l'ancienneté s'y observe inviolablement.

D'où l'on peut induire justement, que puisque l'ancienneté a lieu entre des personnes de qualité si differente, elle doit à plus forte raison estre observée entre ceux qui sont d'une condition égale & d'un Caractere semblable.

Aussi tous ceux qui ont esté Doyens du Conseil y sont venus par leur ancienneté.

Et pour y parvenir vos Conseillers d'Estat, soit qu'ils soient Ordinaires ou Semestres gardent entr'eux le rang de leur reception & de leur *service actuel au Conseil.*

V. M. l'a ainsi voulu & ordonné par son Reglement de 1657. & par celuy de 1670. qui a fait le Tableau des Seances de ses Conseillers d'Estat, dans lequel il se voit qu'elle les a reglées par l'ancienneté de leur reception, & qu'elle a mis le Sieur Poncet nommément aprés moy ; & ainsi c'est une question personnellement jugée entre nous par V. M. dont la justice estant toûjours constante & perpetuelle, & ses resolutions inviolables, le credit dont Monsieur Poncet s'est flatté ; ne me peut faire apprehender que V. M. veüille m'oster le rang qu'elle m'a justement adjugé ny me mettre aprés celuy qu'elle a mis aprés moy.

Et pour monstrer que la difference mesme de la profession & l'ordre ne changent rien dans le rang de vos Conseillers d'Estat. Par le Reglement de 1673. il est expressément porté *que les Conseillers d'Estat, soit qu'ils soient Prélats, Gens d'Espée ou de Judicature, n'auront rang que du jour qu'ils y seront appellez ; à l'exception des Princes du Sang, des Cardinaux & Officiers de la Couronne, qui precederont tous les autres.*

Voilà, SIRE, le rang & la preseance de tous les Conseillers d'Estat établie entr'eux par l'ancienneté de leur reception & de leur service, par l'exemple de toutes les professions de l'Eglise, de l'Epée, de la Robe, du Conseil, par la possession de tous les temps, conforme à ce qui se pratique presentement par les Ordonnances de tous les Roys : Et enfin, ce qui est plus fort que tout le reste, & ce qui doit estre inviolable, par la volonté expresse de V. M. expliquée par tous ses Reglemens avec tant d'équité & de sagesse.

Aprés quoy V. M. n'ayant excepté de cette regle & de ce droit de preseance par ancienneté, que les qualitez éminentes, qui ne reçoivent point de comparaison ; il seroit bien difficile de comprendre pourquoy Monsieur Poncet se veut faire ajoûter à cette exception, que V. M. n'a pas voulu étendre ny aux Gouverneurs des Provinces, ny aux grands Prélats ; n'y a tant d'autres personnes de la premiere dignité, qui le pouvoient plus justement esperer, & qui sans doute ne manqueroient pas d'en importuner V. M. si elle avoit fait quelque changement à ces Reglemens.

V. M. n'a reservé le droit de preceder par dignité tous les autres Conseillers d'Estat, qu'à ceux que la grandeur de leur naissance, le rang où ils sont élevez ;

& les prerogatives des Charges dont ils ſont revêtus, diſtinguent de nous par une diſtance infinie.

Mais que cette noble & illuſtre prerogative puiſſe deſcendre juſques à celuy qui la demande, ou qu'il puiſſe monter juſques à meriter un droit égal à celuy des Princes du Sang, des Cardinaux, & des Officiers de la Couronne ; c'eſt une penſée trop relevée & meſme trop ambitieuſe.

Quelle apparence y auroit-t'il de changer les ordres ſacrez de V. M. trois jours aprés qu'ils ont eſté publiez & executez en ſon Conſeil, puiſqu'il ne s'agit ny du ſervice de V. M. ny de l'intereſt de l'Eſtat, ny du Public, ny de celuy de la Juſtice, que monſieur Poncet ſoit plûtoſt Doyen qu'un autre.

En effet, SIRE, il ſeroit bien étrange, que pour avoir vêcu d'avantage, & pour avoir rendu de plus longs ſervices, la fin d'une vie honorable fuſt certainement déshonorée.

V. M. ne permettra pas, s'il luy plaiſt, qu'aprés une courſe heureuſe de quarante années de ſervice, eſtant arrivé au port, on nous empêche d'y aborder, & que la vieilleſſe pour qui tous les ſiecles & tous les Ordres ont eu tant de veneration, faſſe un triſte naufrage dans voſtre Conſeil.

Les graces de V. M. ſont ſi pures qu'Elle n'en donne jamais que ſous condition, que nul de ſes Sujets n'en ſouffrira de préjudice. Comment donc Monſieur Poncet s'eſt-il pû flatter d'obtenir de ſa bonté, la nouveauté à laquelle il aſpire, où ſa preference terniroit en un inſtant l'honneur que tous vos Conſeillers d'Eſtat qui ſervent par Semeſtres ont acquis par leurs longs ſervices, & leur feroit un préjudice irreparable.

V.M. qui fait une grace accompagnée de beaucoup de gloire à ceux qu'Elle appelle à ſon Conſeil pour y ſervir toute l'année, n'a jamais eu la penſée d'y joindre une difference ſi mortifiante que d'accorder aux uns le droit d'exclure les autres de la premiere place. Cette privation du droit d'aîneſſe auroit eſté une exheredation honteuſe pour ceux qui ſervent par Semeſtres. Mais tant s'en faut que V.M. les ayt voulu éloigner du Doyenné ; qu'au contraire, Elle les a maintenus dans le rang de leur ancienneté qui les y doit conduire ; Pour montrer à ceux qui ſe trouvoient aprés eux, qu'ils ne pouvoient jamais pretendre de devenir leur Doyen, & faire voir à tout le monde que les actions de V. M. ſont toûjours remplies de grace & de juſtice. C'eſt par cette raiſon que V. M. n'a pas voulu répandre ce nuage ſur l'éclat de l'honneur qu'elle avoit fait à ſes Conſeillers d'Eſtat Semeſtres, n'y donner à douze des premiers Officiers de Juſtice de ſon Royaume une affliction ſi ſenſible & ſi fâcheuſe, qu'on peut aſſeurer V. M. que la mort qui n'eſt guere éloignée de la place qu'on diſpute, eſt moins amere, qu'une dégradation de cette nature ; Et cela ſans qu'il paroiſſe d'autres raiſons pour appuyer la pretention de Monſieur Poncet, que ſon propre avantage qu'il pourſuivroit avec moins d'empreſſement, s'il avoit autant d'égard pour ſes Confreres que V. M. en a pour conſerver l'honneur & l'intereſt de tous ſes Sujets.

Si celuy qui nous envie ce premier rang, qu'on pourroit plus veritablement appeller le dernier de noſtre vie, avoit fait réflexion ; Que le Doyenné qu'il pretend, n'eſt qu'un poſte avancé vers la mort, d'où l'on voit de bien prés cette ennemie dont on eſt aſſeuré d'eſtre vaincu, Que ce n'eſt qu'un triſte & funeſte preſent, que la vieilleſſe nous fait pour conſolation des chagrins qu'elle apporte ; S'il avoit conſideré, qu'en 30. ans elle a paſſé par dix mains differentes, & qu'il n'y a point de bien plus caduc & plus periſſable, & qui ſe doive moins ſouhaiter.

Apparemment il ne ſe ſeroit pas tant donné de peine, & n'auroit pas marqué tant d'empressement pour une place si voisine de nostre fin commune. Il auroit creu ce Conseil du Sage, qu'il faut laisser aller toutes choses selon leurs cours ordinaires. & vivre dans l'ordre que l'on trouve estably sans entreprendre de le vouloir changer pour son interest particulier, & qu'enfin il faut respecter les anciens establissemens dont toutes les Compagnies sont contentes.

Voilà, SIRE, succinctement ce que j'ay crû estre obligé de representer à V. M. dont la justice nous donne une confiance entiere, qu'elle ne voudra rien changer à ce qui a toûjours esté, à ce que tous les Roys ont fait, à ce que tous les temps ont veu, & enfin à ce que V. M. a decidé par tous ses Reglemens avec une sagesse incomparable.

A quoy j'ajoûteray seulement le Reglement de la Rochelle, qui semble avoir esté fait expressément, pour prevenir & pour décider la question qui se presente, en voicy les termes.

Le Roy ordone que ceux qui seront appellez au Conseil pour y servir comme Ordinaires, ne pourront pretendre aucun rang ny preseance sur tous les autres en qualité d'Ordinaires.

Il n y a rien de plus intelligible, & il ne faut point d'interprete pour tirer le sens de ces paroles.

Les Ordinaires ne peuvvent pretendre aucune preseance sur les autres Conseillers d'Estat, donc ils ne peuvent estre Doyens avant leur temps. Car sans doute le premier rang est un rang, & la place qui precede toutes les autres est une preseance.

La Loy dit qu'ils ne peuvent avoir aucune preseance sur pas un, & il demande de l'avoir sur tous.

Par ce Reglement fait en 1628. le feu Roy de tres-glorieuse memoire, a jugé que la Qualité d'Ordinaire ne donne aucune preseance, V M. mesme l'a ainsi decidé par son Reglement de 1670. où nommément V. M. a placé le Sieur Poncet aprés moy.

Ces Reglemens ont esté executez par tous les Ordinaires, qui ont cedé le Rang aux Semestres, qui se sont trouvez leurs Anciens, & par Monsieur Poncet mesme.

Ils ont tous ensemble reconnu, que cette qualité d'Ordinaire ne faisoit point de difference entre leur dignité, & le reconnoissent encore.

Ce mot d'*Ordinaire* n'est opposé qu'au mot d'*Extraordinaire*, & convient aussi bien à ceux qui servent ordinairement six mois l'année, ou par quartier, qu'à tous les autres.

C'est par cette raison que vos Maistres des Requestes sont Ordinaires, quoy qu'ils ne servent que par quartier. Tous les Officiers de la Maison de V. M. sont Ordinaires, quoy que leur service soit reglé differemment. Personne n'a encore esté assez hardy pour pretendre qu'un Capitaine de vos Gardes, ou qu'un premier Gentilhomme de la Chambre de V. M. ne soient pas des Officiers ordinaires.

Il est vray, SIRE, que tous les Officiers sont Ordinaires; Quoy que leur service ne soit pas perpetuel & continu, ils ne laissent pas de demeurer toûjours Officiers pour n'en pas faire toûjours la fonction, & ces veritez sont si claires, qu'elles se prouvent par les choses les plus communes.

Les saisons qui ne servent que par quartier sont Ordinaires.

Il y a des Officiers Ordinaires qui ne servent qu'en l'absence de ceux qui servent par quartier, & qui n'ont rang qu'aprés eux.

Enfin, SIRE, le mot d'Ordinaire est un équivoque qui n'a jamais donné de Rang ny de preseance au Conseil. Cependant c'est le pretexte seul dont se sert Monsieur

Monſieur Poncet. Car toutes les autres objections qu'il fait ne ſont fondées, que ſur ce mot d'Ordinaire, & ne meritent pas de réponſe.

Comme lors quil pretend qu'il y auroit de l'indecence, s'il y avoit deux Doyens: Cela ſe détruit par les exemples de tant de Compagnies, qu'il n'a pas beſoin de réponſe. Le Grand Conſeil qui faiſoit partie du Conſeil, a deux Doyens : Les Maiſtres des Requeſtes qui en ſont encores, en ont quatre : Rome a eu deux Conſuls pendant cinq cens ans : L'Empire a une Aigle à deux teſtes : Souvent une meſme Armée a eu trois Generaux : Les Cardinaux ont trois Doyens : Pendant plus de cent ans les Conſeillers d'Eſtat ſervoient par quatre mois, & par conſequent il y avoit trois Doyens au Conſeil, ou pour mieux dire, qui en faiſoient la fonction.

Comment donc a-t'on pû alleguer qu'il y auroit de l'indecence ſi le Conſeil avoit deux Doyens ? Car quoy que deux en faſſent la fonction ſéparément, il eſt pourtant vray de dire, qu'au reſpect de la Compagnie il n'y en a jamais qu'un.

L'objection que l'on feroit ſemblablement qu'il y auroit deux teſtes au Conſeil s'il y avoit deux Doyens, ſeroit mal inventée. Voſtre Majeſté ſeule eſt la teſte de ſon Eſtat qu'il conduit; Perſonne auſſi ne s'eſt jamais dit la teſte de voſtre Conſeil.

S'il y avoit une teſte au Conſeil, ce ne pourroit eſtre que Monſieur le Chancelier qui en a la direction; C'eſt de luy ſeul que l'on peut dire qu'il eſt le Chef de la Juſtice.

On ne ſçauroit auſſi objecter qu'il y euſt quelque inconvenient que le Doyen n'entraſt pas toûjours, puiſqu'en dix ans Monſieur de Lezean n'eſt pas entré dix fois, & qu'il n'en eſt arrivé aucun préjudice à la Juſtice.

Sa preſence n'eſt pas plus neceſſaire au Conſeil que celle d'un autre, & les Arreſts qui ſont rendus en ſon abſence, ne ſont pas de moindre autorité que s'il y avoit aſſiſté.

Le Doyen n'a jamais voulu dire que le plus Ancien; De ſorte que comme on ne peut imaginer un temps dans lequel il n'y ayt pas dans une Compagnie quelqu'un qui ſoit le plus Ancien, il eſt vray de dire que le Conſeil n'eſt jamais ſans Doyen.

Monſieur Poncet ne demandera pas auſſi, que deviendroit le Doyenné en l'abſence de celuy qui eſt le plus Ancien, puiſque l'on n'a jamais demandé ce que deviennent les Preſidens, les Conſeillers & les Doyens des Compagnies qui ſervent par Semeſtre; n'y ce que deviennent tous les Officiers de voſtre Maiſon quand ils ſortent de quartier ou de l'année de leur exercice.

L'exemple que l'Eccleſiaſtique au Parlement n'eſt pas Doyen, ne peut auſſi faire aucune impreſſion; car outre que chaque Compagnie à ſes regles, il eſt certain que cét exemple ne ſe pourroit appliquer au Conſeil où nous y avons veu Monſieur Fremiot Archeveſque de Bourges, & Monſieur de Leon Bruſlard, & plus de vingt Eveſques Doyens. Outre que le Sieur Poncet, ny moy ne ſommes Eccleſiaſtiques ny l'un ny l'autre, & qu'au contraire nous ſommes compris ſous le mot d'Officiers de Judicature dans le Reglement de 1673. & nommez expreſſément dans le Tableau de 1670.

Aprés avoir ſommairement répondu à ce que l'on a peu imaginer des objections que pourroit faire Monſieur Poncet, Et étably le droit des Conſeillers d'Eſtat Semeſtres par la ſeule repreſentation des Reglemens de V.M. & de ſes Predeceſſeurs qui ſont les moyens les plus ſolides auſquels il ſe faut arreſter, comme à ces deciſions Royales; la vivacité des lumieres incomparables de V.M.

qui penetrent si facilement toutes sortes de difficultez, ne nous laisse rien à apprehender.

Par ce foible discours Vostre Majesté voit que la Nature, la Sagesse, & la Providence de Dieu, l'ordre de l'Eglise, de l'Espée, de la Robe & du Conseil, l'Exemple, la Justice, la Raison, la Coûtume & la Possession, parlent aujourd'huy pour nous à V. M. contre la pretention nouvelle de Monsieur Poncet.

Mais quoy que toutes ces raisons me puissent faire esperer que V. M voudra bien que je joüisse d'un honneur qui m'a coûté cinquante ans à acquerir.

Je me donneray bien de garde de m'en faire aucun droit, ny de rien pretendre autrement que par la pure grace de V. M. de laquelle je reconnois, avec un profond respect, que toutes choses dépendent.

TABLE,

EXTRAIT DES REGISTRES du Conseil d'Estat.

VEU PAR LE ROY ESTANT EN SON CONSEIL, les Requestes & Memoires respectivement presentez à Sa Majesté par les Sieurs Poncet Conseiller ordinaire de Sa Majesté en son Conseil d'Estat, & de Villayer Conseiller Semestre audit Conseil, celle dudit Sieur Poncet tendante à ce que les Conseillers d'Estat ordinaires, soient maintenus dans le droit de remplir la place de Doyen, à l'exclusion des Conseillers d'Estat Semestres; Et en consequence qu'il sera mis & installé en la place de Doyen vaccante par le decedsdu Sieur de Lezeau, avec deffences au sieur de Villayer de l'y troubler; Ladite Requeste fondée sur ce que le Conseil est une Compagnie ordinaire qui a une fonction continuelle, & distinguée des autres, & dans lequel il n'y a jamais eu qu'un Doyen qui a sa fonction pendant toute l'année, que par les anciens Reglemens, les Conseillers d'Estat ordinaires ont toûjours esté distinguez des Semestres: Et celuy du dixiéme Janvier 1673. porte en termes formels, que les Conseillers d'Estat Semestres n'auront entrée hors leurs Semestres, s'ils ne sont appellez; D'où il s'ensuit qu'un Conseiller d'Etat qui n'a que six mois de fonction, ne peut estre le Premier d'une Compagnie, qui en a une ordinaire & continuelle, & qu'il a un droit acquis pendant les six mois, qui ne sont du Semestre dudit Sieur de Villayer. En sorte que n'estant pas de l'ordre qu'il y ait deux Doyens dans le Conseil, il doit exclure ledit Sieur de Villayer, qui n'a pas l'aptitude necessaire pour remplir cette place, à l'exemple de ce qui arrive dans le Parlement de Paris à l'égard des Conseillers de la R P. R. lesquels ne pouvent monter à la Grande Chambre, le Conseiller Catholique qui les suit, est preferé à celuy de la R. P. R. quoy que plus ancien, descend d'un degré: Les Memoires du Sieur de Villayer pour réponses à la Requeste, & à ceux dudit Sieur Poncet, Contenant que la Place dont il est question, n'est ny Charge, ny Dignité, & n'est que le rang que l'âge donne: il a esté observé dans le Conseil entre les Conseillers d'Estat ordinaires & les Semestres, & il n'y a jamais eu d'autre distinction entr'eux, sinon que ceux-là ont servy toute l'année, & ceux-cy six mois seulement: les Listes faites en consequence du Reglement de 1670. nomment tous les Conseillers d'Estat Ordinaires & Semestres, chacun selon leur Rang, il y a toûjours esté nommé avant le Sieur Poncet, il l'a toûjours precedé dans les Commissions, le Sieur Poncet est venu chez luy, où il l'a presidé; En sorte qu'il l'a reconnû de tout temps pour son Ancien. Et comme il n'est question que de ce seul point entr'eux, il a jugé une infinité de fois luy-même la contestation: Il n'y a ny Loy ny Jugement qui établisse la pretenduë incapacité des Semestres, & la deffense d'entrer dans le Conseil hors le Semestre, n'a esté faite que pour la Police du Conseil, & l'expedition des affaires. Sur ces raisons, il conclud à ce qu'il soit maintenu dans le Rang & Seance d'Ancien & de Doyen du Conseil: Et Sa Majesté voulant regler ce differend, & pourvoir à ceux qui pourroient arriver à l'advenir sur le même sujet; OUY le Rapport du sieur Colbert Conseiller au Conseil Royal, Contrôlleur General des Finances.

LE ROY ESTANT EN SON CONSEIL, A ordonné & ordonne que pendant six mois commençant au premier Juillet, & finissant au dernier Decembre de chacune année, le Sieur de Villayer sera Doyen du Conseil: Et pendant les six mois commençant au premier Janvier, & finissant au dernier Juin, le Sieur Poncet sera pareillement Doyen, & que les honneurs, droits & avantages, dont les Doyens du Conseil ont joüy jusques à present, seront partagez également entr'eux; Ordonne en outre Sa Majesté, qu'en toutes Assemblées publiques & particulieres, le sieur de Villayer precedera ledit sieur Poncet. VEUT & entend Sa Majesté, qu'à l'avenir la place de Doyen du Conseil venant à vacquer, le plus Ancien des Conseillers d'Estat y soit admis; Et s'il se trouve Semestre, il sera Ordinaire du jour que la place de Doyen aura vacqué. FAIT au Conseil d'Etat du Roy, SA MAJESTE' y estant. TENU à S. Germain en Laye le neuviéme jour du mois de Decembre mil six cens quatre-vingts.

Signé, COLBERT.

www.ingramcontent.com/pod-product-compliance
Lightning Source LLC
LaVergne TN
LVHW020030170826
845678LV00001B/206